宇宙が教えてくれた
流れるように
人生がうまくいく本

•-•- 完本・100%の幸せ -•-•

大木ゆきの

興陽館

はじめに ―― あなたに今伝えたいこと

樹木は、誰かに教わらなくても、
芽を出すべきときには芽を出し、
花を咲かせるべきときには花を咲かせ、
実を実らせるべきときには実をつけて、
葉を落とすべきときには葉を落とします。
梅が桜を目指したり、杉が松になろうとしたりもしない。
あるがまま、なすがままで、完全に宇宙の流れに沿って生長しています。
とてもうまくいっています。

私たち人間も自然の一部です。
私たちも宇宙の流れのままに生きれば、
もともとうまくいくようにできているのです。

自分以外のものになる必要も、目指す必要もない。
杉が松ではなく杉であることが完全であるように、
梅が梅であるからこそ美しいように、
ありのままで完全な存在なのです。

人生の中で、何かうまくいかないことが起こっているように見えるときも、
樹木が冬になれば次の春に備えて葉を落とすように、
次のステージに向けて、古いやり方を手放す時期が来ているだけ。
問題が起こっているのではなく、必要なことが起こっているだけです。
その流れに抗わなければ、
すべては流れるようにうまくいくようにできています。

それなのに、私たちはその真逆の生き方をしてきました。

自分には欠けているところがたくさんあり、そこを埋めない限り、あるいは、何かを手に入れない限り、人間として完成しないと思い込んできました。

そもそも必要なものはすべて持っていて、自分のことをありのままで完全なのだと受け容れてしまえば、その力を発揮できるのに……。

外側に何かを付け足そうと躍起になることで、かえって葛藤と焦燥を招いてきました。

私たちが楽に、早く、しかも想像以上に幸せになれる道は、皮肉なことにこれまでと逆の生き方をすることだったのです。

それが、「宇宙にお任せ」という生き方です。

宇宙はすべての創造の源です。すべてを生み出した大元だからこそ、すべてを見通し、すべてを最適に動かすことができます。

私たちのことも、私たち以上に知っています。

そもそもどんな才能を持って生まれてきて、どういう生き方をすれば満たされるのか知っています。


今生だけでなく、魂のすべての履歴も把握しています。

それだけではありません。

あなたのことを無条件に愛しています。

人間だったら、あまりにわからずやだと、呆れて見放すようなことがあるかもしれませんが、宇宙は決して見放しません。あなたが真実に気づくまで、何度でもサインを送り、導いてくれます。

それがあなたにとって必要な経験であるならば、たとえ嫌われても、恨まれても、その経験をさせます。

その愛の深さたるや、人間の愛を超えています。

これだけあなたのことを理解していて、すべてを見通しているばかりか、すべてを動かす力も持っていて、しかも無条件の愛から導くことができるのは、宇宙だけです。

どんなに優秀なコーチもコンサルタントも、かないません。

しかも宇宙は高額なコンサルタント料も取りません。常に無償です。

私たちがする必要のあることは二つだけです。

ひとつは、宇宙の邪魔をしないこと。

宇宙の流れに抗って、我を通そうとすることや、不安や怖れに駆り立てられてどうにかしようとするのをやめることです。

宇宙の好きにされてたまるかと思われる方もいらっしゃるかもしれませんが、逆です。宇宙の好きにさせた方がいいんです。

結果にとらわれず、どうなろうと、何が起ころうと宇宙にお任せしてしまった方が、私たちが頑張るよりはるかにうまくいきます。

目の前のことだけ見るなら、そのときは何かを失ったように見えるかもしれませんが、それは前にも言ったように落ちるべき葉っぱに過ぎないんです。

捨てるべきものを捨てないと、新しいものを受け取るスペースができません。

人間にはそのことが後にならないとわかりませんが、宇宙はすべてを見通していま
す。

もうひとつは、あなたがありのままで完全であることを受け容れること。どんなあなたであろうと、あなた自身が愛し、受け容れることです。あなたがどんなあなたでも愛するようになれば、もともと備わっていた能力も魅力も表に出てくるようになります。やりたいことも探さなくても内側から湧き上がってきます。そのやりたいことを歓びのまま行動に移しているだけで、結果を出そうとしなくても、勝手に結果が出るようになり、お金もチャンスも巡ってきます。

人生がうまくいかなかったのは、宇宙の流れに抗っていたからです。
これからは、宇宙の流れに沿って生きてください。
そうすれば、頑張らなくても、流れに乗って楽に進めます。
思い通りどころか、思った以上の人生があることに気づくでしょう。
そんな秘訣をこの本に網羅しました。
最初から順番に読んでもいいですし、気になるページから読んでも構いません。
パッと開いたページがあなたに必要なメッセージの場合もあるでしょう。
それもすべて宇宙にお任せし、起こることを起こるように起こさせてください。

誰が何と言おうと、好きに生きる。
今したいことだけをしていい。

もう終わりにしよう。
人の反応、評価、顔色に合わせて
生きることを。

あなたにはもう、
そんな生き方はふさわしくない。
もうそんな生き方はできない。

遠慮する必要はない。
周りを気にせず、
メーター振り切るほど
好きに生きよう。
どこまでもどこまでも行こう。

本当の幸せとは、
今のあなたがそのままで
宇宙の最高傑作だと気づくこと。

生きて体験するすべてが、
幸せそのものだったと思い出すこと。
幸せになろうとしなくても、
あなたはすでに幸せそのものだった。

そう気づいたとき、
あなたの人生は流れるように
うまくいく。

うまくいかせようと思わなくても、
宇宙が勝手に自分史上最高の人生を
更新し続けてくれる。

CONTENTS

本書は『100％の幸せ―心から幸せになり、すべてがうまくいく77の言葉』（小社刊）を大幅に加筆修正し、改題・新装したものです。

PART

1

堂々と
そのままであれ

そのままでいいんだって
感じているときって、
人は芯から輝きます。
この光には、どんな宝石も負ける。

笑いたくないときは、笑わなくていいし、笑いたいときは、どこにいても大らかに笑っていい。

やりたくないことは、「NO!」って言っていいし、やりたいことは、誰が何と言おうとやり抜いていい。「私なんてどうせ」よりも、「私ならできる」を口癖にしていい。

足りないものを埋めようとしなくても、本当は最初から全部ある。

宇宙とつながっている無限の引き出しに全部入っていて、あなたはそこから「これを出す!」って決めるだけでいい。

人が本当にそのままでいいんだって感じているときって、どんな人でも芯から輝き出す。

この光には、どんな宝石も負ける。

あなたはまたもう一段階自由になった。

さあ、古い殻を破り捨てて、遠慮せずに好きに生きましょう。

あなたはどこも悪くない。

何かができない自分を、けなしたり、責めたり、なじったり……。
あなたは、何かいけないことをしたのかな？
そのときは、それが精一杯だったんじゃない？

もういいんですよ。
許してあげて。
あなたはダメだったんじゃない。
必死に生きてきただけ。

どこもおかしくなかったんですよ。もう自分に懲役を科すのはやめよう！

無罪放免でいい。
なぜなら、それは冤罪だったから。

その性格、その能力、
その姿かたち……。
それが美しいんです！
あなたはそのままで美しいんです！

その性格、その能力、その姿かたち……。
それらを変えようと、人は努力しますよね。
でもだいたいはうまくいかない。

でも、変わろうとするのをやめたとき、
この私でいいんだと受け容れたとき、
あなたの本当の魅力がひとりでに表に出る。

人は努力によって変わるんじゃない。

ありのままの自分への愛。
それが真の変容を起こす。

人は努力によって変わるんじゃない。
愛によってよみがえる。

たとえばもっと明るくなりたいって思ったとしますよね。

それで明るくなるためにいろんな努力をしてきたけれど、何だかちぐはぐでうまくいかない。

それで、もういいよ、根暗なのは私の個性なんだよって受け容れると、その暗さが黒光りするようになる。誰にも出せない味になる。そんなその人に魅力を感じる人が集まって来て、自然体でいるのに、ちゃんと心が通じ合える人間関係ができるようになるんです。

なぜ明るくなりたかったかと言えば、もっと心を許せる友達が欲しかったからでしょ。

ところが自分の暗さを自分の個性なんだと受け容れてしまえば、それに気づいたら、ちゃんと欲しかったものは手に入っている。

無理に明るくならなくてもよかったんです。

人が性格や能力や外見を変えたいと思うのは、それによって〇〇を手に入れたいって思うからでしょ。

手に入れたい〇〇は、皮肉なことに、変わろうとするのをやめて、これはこれでいいんだって受け容れたときに手に入ったりする。

それを期待していたわけではないのに。

むしろどうでもよくなったのに、なぜか向こうからやってくる。

だからね、変わろうとすることなんてやめていい。

〇〇をどうしても手に入れなきゃって必死にならなくていい。

どうでもいいや、そんなもん！　て盛大に投げ捨てるほど、勝手にうまくいくものなんです。

本当はね、
あなたは一度も
一人ぼっちだったことなんて
ないんですよ。

誰も私のことをわかってくれない。

私は結局一人ぼっちなんだ。

もしあなたが、そう感じてやりきれなくなったときには、宇宙に向かって叫んでいいんです。

「助けて〜〜〜」って、ガッツリ助けを求めてみる。


本当はね、あなたは一度も一人ぼっちだったことなんてないんですよ。

いつも宇宙に愛されている。

いやいや、宇宙だけじゃない。とてもそうとは思えなくても、すべてのものに愛されている。

誰もあなたから離れることはできない。なぜならすべてはひとつだから。


人間をやるということは、さみしさがもれなくついてくるということでもある。

でもそれがあって初めて愛するということを学ぶスタートラインに立てる。

だからみんな通る道。怖がらなくていい。

あなたは
愛されていないわけじゃないんだ。
手を振り忘れていただけだ。

一人ぼっちでさみしい気がする人は、何でもいいから乗り物に乗ろう。
そして、そこから人に手を振ろう。
きっと誰かが振り返してくれる。

あなたは愛されていないわけじゃない。
手を振り忘れていただけだ。

少し勇気を出して、
あなたの方から手を振ろう。

私たちは、
はじめから光そのものでした。
はじめから、輝く存在でした。

目を閉じて、自分の胸の奥の奥にあるものを感じてみて。
何だかほんのり暖かな、懐かしいぬくもりがそこにあるでしょ。

もっともっと感じてみて。
すると気づく。
何だろう、この見たこともないような純粋な輝きは……。
この光は、何があっても絶対に消えない光だと直感的に気づく。

そう。
それがあなたの魂。
死んでもなくならない神聖な輝き。

人生がうまくいかなくなると、私たちは外に希望の光を見出そうとする。
でも外の光はなかなか見つからない。
でも本物の消えない希望の光はここにある。

あなたの胸の内にあって、永遠に輝いている。
あなたが今日も生きている。
それ以上の希望の光なんてない。

感じることを怖れずに生きよう。
私たちは自由なんだ。豊かなんだ。

感情はエネルギー。

「つらい」「苦しい」「悲しい」も、
「怒り」「妬み」「憎しみ」も、
「うれしい」「楽しい」「幸せ」も、おんなじエネルギー。

ひとつの感情だけ感じなくさせることはできない。

苦しみを感じないようにすれば、
同時に、飛び上がるほどのうれしさや喜びも感じなくなる。

嫉妬を封印すれば、
愛で満たされ、とろけるように幸せな感覚も味わえなくなる。

力を抜いて。

「さあ、悲しみさん、苦しみさん、どうぞいらっしゃい」
って両腕を開いて受け止めてみて。

すると気づく。
悲しみも、苦しみも、大切な私の感情で、血が通っていて温かいということに。
決して恐ろしいものなんかじゃなく、
私の中から生まれた愛おしい感情たちなだけ。

感情を感じることを許そう。
そうすれば、すべての感情が、あなたの力になり、あなたを支えてくれます。

あなたの最奥にある神秘を
開きなさい。
それはとても傷つきやすいものに
思えたかもしれない。
でも、大丈夫。
最も繊細なものこそ、
真実だから。

静かな時間はとても大事。
あなたに深みを与えてくれる。
自分と対話できる。

気分が落ちているときってありますよね。

こういうときは、何かしようという気にならないでしょ。
騒いだり、はしゃいだりするよりも、静かにしていたいでしょ。
いいですね、素晴らしいですね、静かにしていましょう。
静かな時間はとても大事。
あなたに深みを与えてくれる。
自分の本当の気持ちに自然に寄り添うゆとりを与えてくれる。

こんなこと、浮かれているときには、なかなかできませんよ（笑）。
だから、別に元気を出さなくてもいい。
むやみに行動しなくてもいい。
じっとしてみる。止まってみる。逆に沈んでみる、深く深く。
するとね、ふと気づく。こういう歓びもあるんだなって。

一人になって、じっくり自分の気持ちを訊いてみる。

「本当はどう思っているの？」

「何を感じているの？」

「それがダメだったら、どうなると思っているの？」

「何を怖がっているの？」


本当の気持ちにたどり着くには数時間かかる場合もある。

途中で別なことに意識が飛ぶこともあるし、頭であれこれ考えているだけで、ハートに届いていないこともある。それでもまた戻って、何度も訊いていく。

だけどやっとたどり着いた本当の気持ちがたとえ憎しみだろうと悲しみだろうと、それはとてつもなく感動的。私はそう思っていたんだなって自分を心から抱きしめられる瞬間です。本当はね、こういうことこそ、自分を大切にしているということであり、本当の贅沢なんです。

高級レストランで三万円のフルコースを食べることよりも、ずっとずっと贅沢。

ただ自分の感じていることを、
そのまま
「そう思っているんだね」って
わかってあげられたら、
癒しなんてその瞬間に起こる。

あるがまま以上の美しさなんてない。

いっぱいの緑の中にいると、いつの間にか頭が空っぽになります。地球の呼吸に合わせて呼吸をしてしまう。そして自分の内に地球が広がっていくような「ひとつ」を感じます。山も空も田んぼも、少しも飾っていないのに、どうしてこんなに輝いているんだろう。

臆することなく、命を丸ごとさらけ出し、惜しみなく与え、あるがままでいる。あるがまま以上の美しさなんてない。そのことを、自然は存在そのもので表現している。

私たちも、「素」のまま、地球に現れ出たそのユニークさのままでいるときが、きっと一番輝いている。

本当は私たちも山や空や田んぼと同じものでできている。同じ命の違った現れ。

混乱しているときは、自然の中に行きましょう。

自然は無言で、どんな名言よりも雄弁に「あるがままでいいのだ」と教えてくれます。

本当の幸せには理由がない。

何てことはない日常のひとときと。それが、ただ幸せ。

本当は、生まれたときからずっとそうだった。

起こったすべての出来事、出会ったすべての人たち、使ったすべてのもの、何もかも、文句なし。

この彩りの世界に命を授かって生まれて来ただけで、必要なことはすべて達成していた。

最初から成就していた。

小さい頭で何かを願わなくても、願い以上のものが毎瞬叶ってる。

本当の幸せには理由がない。


ただ幸せ。

「ただ幸せ」は、何があってもなくても変わらない。

幸せのまま。

求めていたことさえも、探していたことさえも、幸せだったのだ。

生きて体験していたすべてが、ただ幸せだったのだ。

あなたが表現したいように
表現すれば、
それがスタイルになるだけ！

自然を見つめていると、毎瞬、命を自由に表現しているのを感じます。

そこにどんな制限も、躊躇もない。のびやかに、あるがままに、あふれるままに表現している。人が自然の中にいるとリフレッシュするのは、そんな命の表現に直に触れるからでしょうね。私たち人間も自然の一部です。

私たちには、本来、命を表現する本能みたいなものがある気がします。スポーツでも、芸術でも、演芸でも、科学でも、その道で一流の人は、みんな自分の表現を見つけ、その表現に徹している。

小さい頃からそれをしているのが好き。

それが自分にとってあまりに自然なことなので、特別なこととは思わないほど身近。自分にとっては何も特別なことではないのに、人からは一目置かれたり、すごいと言われたりする。

それまでの人生のすべてが自己表現の糧になっていて、どの経験も役に立っている。様々な試練があっても、結局好きだということが勝り、その試練がかえって表現を洗練することにつながっている。

うまくやろうとか、売れようとか、人より抜きん出ようとするときは大抵失敗し、純粋に表現したいように表現しようと開き直ったとき、大きく飛躍する。

そういう共通点があることを感じました。あなたにも、きっとあるんです。

あなたにふさわしい自己表現が。表現したくてたまらないことが。

そこに決まったスタイルがあるわけではなく、あなた独自の道がある。

キャンバスに向かって絵の具を塗ることだけがアートなのではなく、人によってはお庭がキャンバスであったり、道路がキャンバスであったり、あるいは空間が、いやいやもっと想像を超えたものがキャンバスになるのかもしれない。

表現は、無数にある。人の数だけきっとある。そこには「こうしなければならない」というどんな制限もない。あなたが表現したいように表現すれば、それがスタイルになるだけです。

後先考えなくていい！
今だけ見つめればいい！

この世界で生きている奇跡に
酔いしれよう！

本当は存在しているだけでかなりすごいことなんですよ。
それ以上のこの世界への貢献なんてないの。
だから、今これやってて楽しいなってことを、馬鹿みたいにやっていいの。

目を三角にして、深刻にならなくていい。
世の中を憂えなくていい。
憂うから、憂うような社会であり続けることを心に留めておこう。

一見無責任に見えるかもしれないけれど、人をどうにかしようとするよりも、しっかり自分の生を生き切ることの方が、宇宙から見れば、ずっと責任を果たしている生き方だ。

今日も馬鹿であれ！
この世界で生きている奇跡に酔いしれよう！

毎瞬一から、あなたは出直している。
なぜなら今はいつも新しいから。
生はものすごく鮮度が高い。

あなたは、なかったことにしたいことってありますか？

これまでの自分がどうにもウソくさかったり、すごく馬鹿だったりした気がするとき、過去を捨てたくなるようなこともありますよね。

なんか、そういう自分が嫌でしょうがないんでしょうね。

それで一から出直しってことになる。

でもね、ここに二つの真実があるんです。

ひとつは、わざわざ一から出直しって思わなくても、毎瞬一から出直しているってこと。

なぜなら今はいつも新しいから。過去がどうであれ、今は今だから。

あなたが何を思おうと、過去のことはもう終わっているってこと。

今までがどうしようもない馬鹿だったとしても、その馬鹿はあなたが継続していると思わない限り、継続されない。毎瞬がリセットされている。毎瞬生まれ直しているようなもの。

生はものすごい鮮度なの。

だからわざわざ消そうとか、なかったことにしようだなんて思わなくても、そもそもどうでもいいことなの、ってのがひとつの真実。

もうひとつは、なかったことにしたいその過去は、全部今に生かされているってこと。

過去が今にどう生かされているか知らなくても、どうしたって生かされているんです。

そこに変に理屈をつけたり、根拠を見出す必要もない。これこれこういう点が、今に生かされているだなんて振り返る必要もない。何もしなくても、生かされる以外の道はないの。

あるとき気づいたんです。

今の中に過去も未来も全部あるなあって。

時間なんてなかったんだなあ。全部があるだけなんだなあって。

だから過去はないと同時にあるんです。

人は毎瞬一から出直していると同時に、わざわざ出直す必要もないということ。

「過去のことは全部捨てて一から出直します」っていくら言っても、捨てようがない。

今しか存在していないし、同時に今の中にあらゆる過去もあるから。

どうやって捨てるのよって話です。わけわかんなくなってきたでしょ。

それでいい。頭で理解することじゃないから。わからないって素晴らしいことだよね。わからないって恩寵だよね。わからないことをわかろうとしないときに、何かに気づく。

だから大いにわけわかんないままでいよう。

「今」この瞬間を生きる。
そのとき、命がスパークする。
毎瞬毎瞬が輝き出す。

「これをやってどうなる」ってことに囚われなくなるって、本当にすごいことなんですよ。

どうなろうと宇宙にお任せしますって決意できると、先の保証に囚われなくなる。

それはとてつもない自由。

そうなると、ますます「今」この瞬間を生きるようになってくる。

そのとき、命がスパークする。毎瞬毎瞬が輝き出す。

わけもなく、ただただ楽しい。

生きてるって何て面白いんだろうって感じる。

毎朝寝起きのとき、
胸の中央に両手を重ね、
「私はありのままで完全です」って
心の中で唱える。
カンタンなこと、すぐできること、
小さなことでも、蓄積されれば、
すごい力を持つんです。

たぶん、今までは、「お前はダメだ」っていう価値観を刷り込まれてきた人の方が多いんじゃないかな。

でも、価値観が人に刷り込まれるものなのだとしたら、今度は逆に幸せになる価値観を自分に刷り込むことだってできるはず。それにはすご〜〜くカンタンなことをするだけでいい。

毎朝、寝起きのとき、ベッドに寝たままでいいので、胸の中央に両手を重ね、「私はありのままで完全です」って心の中で唱えるだけ。

一カ月くらい続けてみてください。

曲がっていた背筋だって、二カ月真っ直ぐな姿勢で座っているだけで伸びるんだから、毎日やってたら、新しい価値観だってきっと浸透するでしょう。

しかも寝起きのときは、潜在意識にもアクセスしやすい意識状態なので、深く浸透しやすいです。

あなたが完全であるということに
根拠はいらないんです。ありのままで
完全なんだから、そこに条件なんてない。
誰かが「あなたは完全です」って
認定を出すことでもない。唯一、あなたが
どう思うかだけの問題なんです。

PART

2

人の物差しは捨てろ

これがスタンダード。
これが常識。
みんながやっている。
そんな物差しなんて、
捨ててしまおう。
当てにしていいのは魂だけ。

バブルの頃、前髪を鶏のトサカみたいに立ち上げてスプレーで固めるようなヘアスタイルが流行したことがありましたよね。

街に出れば、あの子もこの子も、み〜〜〜〜んな。

でも今はそんな人、まず見ないでしょ。

もしもそういうヘアスタイルの人がいたら、今時そんな人がいるんだって笑われるかもしれません。

つまり、今の世の中でこれがカッコいいとか、これがスタンダードだと言われていることなんて、永遠のものじゃないってこと。

当てにならない。トサカ頭と同じ。

みんなと同じであるとか、時代の先端を行くとか、実に空虚。

自分軸を持たずに、踊らされているだけのこと。

そんな当てにならないものに無理やり自分を合わせることもない。

乗せられなくていいの。そんな情報には。

これがカッコいい、これが美しいという基準なんて、また移り変わる。

それに合っていないことを恥ずかしく思わなくていい。

もしもいつもトレンドの服ばかり「頑張って」着ている人がいたら、その人はありのままの自分はしょうもない人間なんだって思っているから、馬鹿にされないように一生懸命着飾ることをせずにはいられないのでしょう。

颯爽としているようで、内面に恐ろしいほどの焦りと不安を抱えて生きている。

服だけじゃない。

生き方も同じ。

スタンダードなんて、本当はないんですよ。

そんなもんは当てにならない。

いいんだもう、そういうのは。いちいちそういう余計な物差しを自分にあてて、それに合っているとか合ってないとか気にしなくていい。

そんな物差しなんて、捨ててしまおう。

当てにしていいのは魂だけ。

それがよくわからないなら、己の感性で充分。

「あらぁ〜、あの人、あんな格好して、あんな生き方して、おかしいわねえ」

って誰かに言われたら、その瞬間に気づこう。

この人は呪縛されているんだなって。

みんなと同じじゃなきゃ生きていられないと思うほど、自分に自信のない人なんだなって。

わざわざ不自由という枠の中で苦しんでみたい人はそっちを選んだらいい。

だけど自分は窮屈なのはご免だ。

好きなように生きたいって人は、今この瞬間から自由に生きていい。

怒りはおならだ！
スッキリ出すと気持ちいい。

怒りもあって当たり前。

悟りを開いたら怒らなくなるとでも思っていましたか？

そういう覚者もいるのかもしれませんが、それってどっかウソくさい気がするな。

目覚めたら、感覚は鈍磨するどころか、もっと精細を極めるようになるから。

エゴに振り回されて怒るということはなくなるんだろうけど、魂の怒りのようなものは火山の噴火みたいな激しさで生じるような気がする。

まあ、覚者がどうであろうと、どうでもいいですね。

そんなことより、あなたが普段感じる怒り。

それって悪くないですよ。

怒ったことに罪悪感を持つ必要ナシ。

後悔する必要もナシ。

怒りはただのエネルギーに過ぎない。

おならと同じ、出たくなったら出るものなのです。

健康なおならはそんなに臭いものじゃないって知ってましたか？

消化不良のときに出るおならは臭いんですって。

きっちり消化した後に出るただのガスみたいなおならは臭くない。

怒りもそう。

溜め込んで、ぐちゃぐちゃになって、未消化のまま、こらえきれずに出すから、異臭を放つ。周りの人も引いちゃう。

すんごい下らないことでも、腹が立つことはあるの。

そのとき、「ああ怒ってるんだな」「はい、どうぞ!」って出しちゃう。

瞬間湯沸かし器みたいにボッと完全燃焼させ、終わったらさっさと消える。

何でこういうことが起こったんだろうとか、気にしなくていい。

ただ怒りが湧いただけのことですよ。

星の巡り合わせでも、悪魔の仕業でも、何でもありません。

スッキリ怒ると気持ちいいですよ。

後腐れナシ。その場で終了。怒られた方までスッキリする。

大事なことは、あなたが気持ちよく生きること。

怒りを我慢して、無理に微笑みを浮かべたりしたら、もう死んだも同然。

私はそんなの嫌だな。笑いたくないのに笑わなくていいじゃん。

怒りが湧いたら、その瞬間にスッキリ怒って、ハイ、さようなら。
後からメールとかでグチグチ言うな！
そんなメールは臭くてたまらんぞ。
その瞬間に怒り、過ぎたらとっとと忘れてしまえ！

あなたに残された道は、
相手を退治することではなく、
自分と対峙すること。

佐藤さんはあなたにとってはとても嫌なヤツなのに、あなたの友人の吉田さんにとっては面倒見のいい優しい人だったりすることがありますよね。

同じ人間なのに、悪魔だと思う人もいれば、天使だと思う人もいる。

その人が自分にとっては悪魔のように思えるとき、その悪魔を退治しようと思ったりする。

何とか撃退するか、ギャフンと言わせたいと、日夜あれこれ策を講じたりするわけですね。

でもね、それはたぶんうまくいかない。

それは影踏みと同じこと。影をいくら踏んでも、影は痛くも痒くもないし、そもそも影をつかまえることなんてできませんからね。

この世に他者なんていない。

三次元から見れば、他者なんてうようよいるんだけど、

真実の世界から見れば、誰もいないんです。

あなたが三次元で見ている他者は、あなたがあなたをどう思ってるかを映し出してる鏡像のようなもの。

だから相手をどうにかしようとしても、そもそもそんなもの存在していませんから、どうしようもないわけ。

あなたに残されてる可能性は、

相手を退治することではなく、自分と対峙すること。

あなたがあなたをどう思っているのか、

それに気づくこと。

蔑まれ、粗末にされ、理解されないのだとしたら、あなたが自分を蔑み、粗末にされても仕方ないと思い、どうせ理解なんてしてもらえないって思っているってこと。

こういう話を何度もあなたは聞いたことがあるでしょう。

でもね、今日の話の肝は、「佐藤さんなんて本当はいない」ってところにある。

人が自分を映し出す鏡だと言うとき、相手がいるってところから鏡と言うでしょ。

そうじゃないの。いないのよ。そんな人なんて。

他人なんていない……。

徹底的にそこに意識を向けてみると、やがてストンと落ちる。
そうか。そうなのか。
それだけのことだったのかって。
要は自分次第なだけかって気づく。
人をどうにかしようとしなくていいんだなって気づく。

本当にそれだけのことなんです。

「大多数」に騙されるな！

あまりに多くの人が、「これはこういうもんだ」って言うもんだから、それを信じ込んでしまっていることってありますよね。

でもね、それを信じるかどうかはその人の自由なんです。

「やりたいことをやってもお金を稼げない」って信じている人は、「やりたいことをやってもお金を稼げない世界」を体験する。

一方で、「私はそうはならない。やりたいことをやって豊かになる」って思っている人は、そういう世界を体験する。

みんながそう思っていても、自分は違うと思えば、違う世界を体験するんです。

あなたはそうかもしれないけど、「私はそうじゃない」でいいの。

世の中の多くの人が、難しいと思っていても、

自分はそうじゃないと思っていると、そうじゃないことが起こる。

それを信じている人数が多いからといって、

誰がやってもそうなるって決まっているわけじゃない。

信じている人の多さが、結果的にうまくいく人を少なくしているだけであって、多くの場合は能力とか環境の問題じゃないんです。

何を思うかだけの問題なんです。

「そういうもんだ」って決めつけて、勝手にハードルを高くするのをやめましょう。

この際だから、徹底的に苦しんで悩む。徹底的にやれば、早く飽きが来るでしょう。これは冗談じゃなくて、マジな話です。私も徹底的にやって、どん底まで行ったら、「もうどうでもいい、好きに生きてやる」路線への転換が起こりました。

ああ、今不安がやってきたなと
受け止めれば、
自然に消えていくの。

病気になったらどうしよう。

お金がなくなったらどうしよう。

嫌われたらどうしよう。

うまくいかなかったらどうしよう。

不安や怖れは、人類の集合意識から来るもので、あなた特有のものではない。

ラジオをかけているとき、音がしているのはわかっているけれど、内容をあまり聞いていないことってありますよね。

それみたいな感じで、ああ、今不安がやってきたな、
怖れがやってきたなと、つかまずにそのままそれを起こるがままに起こさせ、
流していけば、自然に消えていく。

やっぱりジタバタしなくていい。あるがまま、起こるがままで大丈夫。

あなたは何も失っていない。

あなたは何も失っていないの。

多くの人は、どうしてもモノや人や肩書きや、もろもろのものがないと不安になる。生きていけないいんじゃないかっていう恐怖に慄く。

要するに、みんな安心したいだけなんでしょうね。

モノが欲しいのも、誰かにいて欲しいのも、安心したいから。

けれども皮肉なことに、その不安は、モノや人やカタチでは解消されない。

たとえそれが手に入っても、安心は一時的なものでしかない。

それはいつまたなくなるかわからないものでしかない。

それでもそれらを追いかけたい人はどこまでも追いかけたらいいと思います。

納得いくまで追いかけて、追いかけても追いかけても安心は手に入らないってことが腑に落ちるまでやるしかない。

そもそも全部あるんだから、
別にもういいじゃないって
気楽になって、求めようともしなくなり
期待もしなくなり、生きることが
最高の遊びのような境地になるとき、
頼んでもいないのに
向こうからやってくる。

モノが手に入ってしまった人は気づくわけです。モノじゃないんだなって。

でもそれが手に入らないうちは、どうしても納得いかないんでしょうね。

どこまでも追いかけたがる。

「それさえ手に入れば」って幻想をしっかり握りしめる。その幻想はとても輝いて見えて、いつも誘惑される。

何もね、いかなるものも求めず、あらゆるものを捨てて、スッカラカンの天涯孤独になれっていう超ストイックのススメって話じゃないんですよ。

豊かさも、魂の響き合う人との関係も、何でも受け取ったらいいと思います。

それは悪いことどころか、むしろ自然なことですから。そもそも無限の豊かさそのものなんですから、そうなっても不思議でも何でもない。

ただそれは「絶対にこれが手に入らなきゃ嫌だ」ってところからは、残念ながらやってこないってだけの話です。

そもそも全部あるんだから、別にもういいじゃないって気楽になって、
求めようともしなくなり、期待もしなくなり、生きることが最高の遊びのような境

地になるとき、頼んでもいないのに向こうからやってくる。そうなったらね、何やってても、何か面白いだけ。

降り注がれるものを浴びるだけでいい

これをなくしたら終わりだと思っているものなんて、落ち着いてよく見てみれば、意外にもどうでもいいものだったりするんですよ。

そこに気づくと、いかに自分がちっぽけなものに囚われていたのかにも気づきます。

宇宙を、己を、有限のものと思っているところに、何かを握りしめる発端があることがわかりますか？

無限こそが本質なのだと腑に落ちていれば、もう何も守る必要もない。

もう受け取ろうとすることさえいらない。

降り注がれるものを浴びるだけでいい。

浴びようという意志もいらない。

ただ「そうなんだ」。それだけ（笑）。

軽いですね。

自由ですね。

楽しいですね。

好きに生きるだけですね。

自分の気持ちを
解放すればいいんですよ。
とにかく鬱積しているエネルギーを、
まず吐き出すこと。

本当は泣きたいのに、感じたくないからその悲しみを押し込める。

本当は飛び上がって喜びたいのに、嫉妬されるのを怖れて抑え込む。

本当はいい加減にしろって怒鳴りたいのに、そんなことやっちゃいけないって抑圧する。

私たちはそういうことを、無意識にたくさんやっている……。

そういうことが積もり積もって、何だかわからないけど、もやもやしたり、何をやってもスッキリしない感じになるのです。

じゃあどうすればいいのか。

要するに、解放すればいいんですよ。

もちろん人に当たり散らしたりすることではありませんよ。

そういうことじゃなくてね。

海に向かって「バカヤロ〜」でもいいし、枕を思いっ切り殴るんでもいいし、飛んだり跳ねたりめちゃくちゃに体を動かすんでもいい。

とにかく鬱積しているエネルギーを、まず吐き出すことです。

健全なやり方で吐き出すことはとても大事なことなんです。

そうすれば、スッキリして自然に穏やかな状態になることができる。

機械だってずっと使い続けているとゴミが溜まってきて動きが鈍くなり、分解掃除したりしますよね。

人間にもそういうことがときどき必要なんです。

なぜ気分がスッキリしないんだろうと頭でいくら考えてもスッキリしない。

これは頭でどうにかすることじゃない。

頭を使えば使うほど、ますますもやもやするだけ。

そんなことはどうでもいいから、とにかく、大声で、「バカヤロ〜〜〜」って言ってみる方がずっとスッキリする。

スッキリすれば、自動的に正気に戻り、自動的に鎮まる。

そして理由も根拠もないけれど、大丈夫だなって思える。

なぜなら大丈夫っていうのが真実だから。

真実は頭のおしゃべりが止まっていれば、その瞬間そこにあるものだからです。

本当はね、悲しいときには涙が溢れるままにすればいいし、うれしいときには人目も気にせず飛び上がって喜べばいいし、腹が立ったら全身全霊で怒ればいいの。

やってみればわかるけど、結構大丈夫なものなんですよ。

それができるなら、たぶん、そんなにもやもやしないでしょう。

どっちかって言うと、そっちを私はおススメしたいけど、そういう人でも知らず知らずのうちに抑圧するところもありますからね。ときどき健全に発散してもいいと思いますよ。

ってことで、とりあえず今晩、枕に向かって思う存分パンチをくらわせてみてはいかがでしょうか（笑）。

人生は、
だいたいうまいこと
いっているんです。
そう思えば、
ますますいいことづくめに
なってくる。

私たちの人生ってそんなにうまくいっていないのでしょうか？

たとえばね、突然目が見えなくなったとします。

そしたら大ショックの大パニックでしょう。

どうしよう！　どうやって生きていったらいいんだろうって思いませんか？

その大ショックに比べたら、誰かがあなたの悪口を言ったくらいのことなんて、ちっちゃなことなんですよ。

でも私たちは目が見えて当然だと思っているから、その恩恵を意識することがない。ものすごい恩寵なのに……。

それで、あの人にあんなこと言われたとか、お母さんが今日も口うるさいとか、そういうことを一日中考えてしまう。

一日中そんなことを考えてしまうから、あたかも人生がうまくいっていないかのような錯覚に陥るんです。

実はほとんどうまくいっていることばかりなのに。そしてその些細なことを考え続けることによって、残念ながらその問題はますます悪化してしまう。そういうことも、おわかりですよね。

悪口言われたことも、お母さんの口うるささも、全体から見れば、大したことじゃないんです。

ご飯もちゃんと食べられるし、着る服もあるし、目も見えるし、口も利けるし、音も聞こえるし、体も動く。

おはようって言うと、おはようって返されるし、重いスーツケースをよっこらしょって棚に乗せようとすると、隣の素敵な男性が、「上げましょうか?」って声をかけてくれたりするし、だいたい、今日は素晴らしい青空じゃないですか?

風も穏やかで、ポカポカ陽気だったりしませんか?

ほらね。

だいたいうまいことといっているんです。

そう思えば、ますますいいことづくめになってくる。

何に意識を合わせるかはあなたの自由!

あなたが心地よい方を選んでください。

いっぱい泣いたし、いっぱい悩んだし、いっぱい苦しんだ。買ったお守りに八つ当たりして、捨てたりもした（笑）。でもどうあがいても、次々手からこぼれ落ちてしまう。もう握ろうとしても何もつかめない。「もういいや」って、ペタンとへたり込んだ瞬間から、自由な人生がはじまった気がします。

不幸はあなた次第で
どうとでもなる。

不幸ってどこから来るんでしょうね？

知りたくありませんか？

本当はこの世に、不幸も幸せもないんですよ。

どっちもない。

ただそれを不幸だとか、幸せだとか呼ぶ人がいるだけです。

不幸も幸せも、何らかの顕れに過ぎません。

何が顕れたものか……。

あなたの想念がカタチになって、現象になって顕れたものなんです。

たとえば、あの人に嫌われたくないって思ったとします。

それなのに、どうもうまくいかない。

嫌われたくないって思ったんだから、嫌われないはずなのに、どうして嫌われるんだろうと思いませんか？

ちょっと待って。

嫌われたくない？

なぜ嫌われたくないって思うのでしょう？

あなたはそのままでいいのに、どうして嫌われる可能性をそこに見るのでしょう？

それはあなたが、自分を魅力的じゃないって思っているからです。

とても自分なんて、あの人に気に入られるような代物じゃないって思っているってことでしょ。

だからそれが現象として顕れたってことです。

「そうなって欲しくない」と思うことは、
そこに「そうなる」可能性を見ているということ。

だからそれが実現しただけのことなんですが、そういうことが起こると、自分でそれを招いておいて、人はそれを「不幸」と呼ぶ。


でも、それが間違いとか、良からぬことかと言うと、決してそうではない。

これすらもやはり恩寵なんです。

魅力がないんだって思ってる、その思いを、真っ直ぐに感じ尽くしてみたらいい。

落ち着いて、じっくり味わってみたらいい。

すぐに外側に向かって何か手を打とうとするんだけど、そっちよりもこっちの方がずっと大事。

それが真実なのか、
それとも、ただの思い込みであり、幻想なのか……。
向き合うことにトライすれば、そこから真実が開ける。
だからあなたが「不幸」と呼ぶことも、天からの恩寵なんです。
不幸の根元は、あなたの足下にある。
勘違いをやめさえすれば、人生はあなた次第でどうとでもなる。

人の基準で、
自分の幸せを許らないで。
こうじゃなきゃいけないものなんて、
実はないんです。

人の基準に合わない自分を、叱りつけたり罵ったりして幸せでしょうか。

幸せを感じないなら、そんな基準は捨てていい。

その代わりに自分に言ってあげよう。

「よく今日までそんな苦しみに耐えてやってきたね」

「私はこれまで間違った方法であなたを幸せにしようとしてきたようだ」

「あなたはあなたでいいんだ」

「あなたには、そもそも何も否定されるようなものなんてないんだ」

「そもそもどこもおかしくないんだ」

「ただ世の中にはいろんな種類の枠があって、その枠に無理に自分をはめようとすると苦しくなるだけなんだ」

「だからその枠から解放するね」

「少なくとも責めるのをやめるよ」

「自由にやりたいようにやらせてあげるね」

「もうあなたを苦しめたりしないよ」

って。

あなたの過去も未来も、もちろん現在も、
どこもおかしくない。
こうじゃなきゃいけないものなんて、実はないんです。

あなたが、幸せである以上に
大事なことなんてない。

幸せは、決して人と奪い合って
勝ち取るようなものじゃない。

これが幸せというものだ、などという枠なんて本当はない。

私たちがみんな同じものだけを好きだとしたら、この世は奪い合いになるでしょう。

でもうまい具合に人それぞれに好みが違う。

ちゃんとその人が欲しいものが受け取れるようになっているんです。あなたに一番ふさしいものは、ちゃんと用意されているから、焦らなくても大丈夫なんです。


でも、私たちが育ってくる過程で、たとえば、医者になれば高収入で社会的地位も安定するので幸せになれるみたいな、その人の本来の好みではない価値観を刷り込まれることがあるのだと思います。


医者に本当になりたい人はなればいいけれど、理数系で偏差値が高い人がみんな医者にならなければならないわけではないですよね。画家になったっていいんですよ。

その人が絵を描くことが好きならば……。


あなたにはあなたの最高の人生というフィルムがある。

それは既存の価値観を超えている。
これが幸せというものだ、などという枠なんて本当はない。

あなたが幸せを感じるかどうかが問題なのであって、人がとやかく言うことではない。それは決して人と奪い合って勝ち取るようなものじゃない。

自分が進もうとする道が遮られたように感じるときは、ただ単にこっちではないというサインに過ぎない。もっとあなたにふさわしいものが別なところに用意されていますよと教えてくれているだけのことなんですよ。

だから気を落とすこともない。
焦る必要もない。
自分と宇宙を信じていい。

私は何度もそういう体験をしました。

結局は大丈夫なんだなあって思った。

私たちの中に、社会から刷り込まれた不必要な価値観があると思います。
あなたは本当はそんなこと望んではいないのに、そうしないと幸せになれないかのように思い込んでいる価値観。

それいらないですよね。
実にいらない。
笑っちゃうくらいいらない。
そんなもん、捨てちゃえ♪

ゆっくりのときは、
ゆっくりを許し、
ゆっくりを楽しむ。
流れに乗るとは、
流れに身を任せること。

人は速く進まないことをよくないことだと思って、無理に進めようとしたり、進めない自分を責めたりしちゃうでしょ。

人が苦しむのは、宇宙のリズムに逆らうからなんです。

ゆっくりのときは、ゆっくりであることを許し、ゆっくりを楽しむ。

流れに乗るとは、流れに身を任せることを意味しています。
それは流れのままであるということだから、
ゆっくりのときはゆっくりに身を任せるということでもある。

無理している状態とは、その流れに逆らっている状態のことです。

人は無理すると病気になったりしますよね。
今はゆっくりするか、ほぼ停止の流れなのに、それに逆らうと、宇宙から強制停止が入るわけです。

結局は宇宙の流れに逆らうことなんてできないんです。


力を抜くと、宇宙の流れのままに運ばれる。

速い流れのときもあれば、滝になっているときもある。

そうかと思えば、止まっているように感じるときもある。


私たちはただそのときどきの流れを、起こるがままにして、楽しめばいいんです。


滝のときには、横の樹につかまって落ちまいとせずに、行くぞ〜〜〜って肚をくくってスコーンと落下する快感を味わったらいい。

ちなみに宇宙の流れの中にある滝は、実はラッキーポイントです。

勇気を持って飛び込めば、全然違うステージに一気に進めるポイントってわけです。

だから怖れることはない。

じゃ、その宇宙の流れってやつが、今どの段階にあるのか、どうすれば感知できるのか……。

実はね、宇宙の流れが今どうであるのかを、あなたはちゃんと知っているんです。
無理するとだいたい、嫌な感じがしてくるでしょ。
やりたいなあと思うことをすると、何だかわけもなく楽しいでしょ。

ちゃ〜〜〜〜んと感知している。

ただそれを脇に押しやったり、そういうことではイカンと叱ったりしてきただけ。

なぜわかっていて当然かと言うと、
あなたも宇宙だからなんです。
あなたと宇宙は本来ひとつだからなんです。

や〜〜な感じがしたら、やらない。
と同時に、やりたくなったら、何も考えずにやっちゃう。
こういう人のことを、人は「気まま」だねと言ったりします。

そう！
気まま、バンザイ！
気まま、最高！

気ままに生きるだけでいいんですか？
いいの、いいの。
そんなことでちゃんと生きていけるんですか？
大丈夫です。
ちなみに私は、頑張っていた頃よりも、気ままな今の方が、
ずっと幸せで、ずっと楽しくて、ずっと豊かで、

ずっと気の合う人に恵まれています。
やっぱりこっちでよかったって思ってますよ。

あなたのすべてが素晴らしいように
この世のすべても素晴らしい。

人生って、つまんないことや
辛いことばかりじゃない。
すごくうまくいっていたことや、
幸せを感じていた瞬間もあるんです。
ちゃんと至福も、
絶好調も体験している。

長い人生を、ちょっと振り返ってみてください。
その中で、ものすごく快調だったとき、楽しかったとき、流れるようにうまくいったとき、
あるいは、とても心地よかった瞬間、たとえば、温泉から上がって、風に吹かれながら涼んでいたときとか、ひなたぼっこをしながら、にゃんこを撫でていたときとか、そういうのを思い出してください。

そして、そのときに流れていた曲とか、そのとき感じた香りとか、そのときの感触とか、五感で感じていたものを思い出してみる。

それでね、もしその曲があったら、かけてみる。
できたら、iPodとかウォークマンにダウンロードして、聴きたいときに自由に聴けるようにすると尚いい。
そのときの香りに似た香りがあるなら、アロマショップでその香りのボトルを買ってきて、夜にその香りをアロマポットでくゆらせるのもいい。

人生って、つまんないことや辛いことばかりじゃない。
すごくうまくいっていたことや、幸せを感じていた瞬間もあるんです。
今、何か気になることがあって、そっちに気を取られて、忘れているだけ。

ちゃんと至福も、絶好調も体験している。

一度もそんな瞬間がなかった人なんていない。

だから、その瞬間のその波動に戻れるようなフック（きっかけ）を自分で作ればいい。

音楽でもいい。
写真でもいい。
香りでもいい。
手触りでもいい。

場所でもいい。

何でもいい。

そういうのをいくつか持っていると、意識がエゴに囚われてネガティブに傾いたときに、復活できます。

アクシデントは、
あなたが気づかなかったような
大きな力を発揮する
チャンスのはじまり。

たとえば、これまで事業がうまくいっていたのに、急に原料が高騰し、今までの価格で販売できなくなってきたとか、せっかく一流企業に入ったのに、リストラがはじまったとか、やっと彼氏ができたのに、彼が転勤になって遠距離になってしまったとか、歌手として売れ始めたのに、のどにポリープが見つかったとか……。

そういうことってありますよね。

なぜそういうことが起きるのか？

それはね、あなたにはもっと大きな可能性がありますよっていうお知らせです。

今、次のステージに進む扉が開かれましたよってこと。

原料が高騰して、今まで大ヒットしてきた商品を、同じ材料で作れなくなったそのメーカーは、それを機に研究を進め、別な材料でもっと安くて便利な商品を作ることができるようになるっていうストーリーのはじまりってこと。

彼と遠距離になったとしたら、たまの再会がとっても盛り上がって、一緒にいられるだけでありがたいことなんだって感謝できて、互いに相手を大切にできるようになり、前よりもずっと深く愛し合えるようになるってことだったりする。

のどにポリープができた歌手は、自分はどれだけ歌が好きだったのか思い知り、手術後、前のような声は出なくなったけど、魂を込めた歌い方ができるようになり、それによってかえって大ヒットが生まれたっていう話もある。

人にはみんな、自分が思っている以上の「本当の力」があるんですよ。だけど自分が勝手に決めた幸せのカタチに囚われて、もっと大きな幸せの可能性があることに気づいていないだけ。

小さな幸せの枠に囚われて、そこから出ようとしなくなる。それって結構不自由なことなのに、それを手放しちゃったら終わりだと怖れて、枠から出られなくなってしまう。

もう次のステージに進まなきゃいけないのに、頑なに枠を握りしめていると、宇宙がアクシデントと言われるようなことを起こし、その枠を強制撤去してくれる。

アクシデントを人は不運と呼ぶかもしれない。

でもそれは決して不幸のはじまりじゃない。

あなたが気づかなかったような大きな力を発揮するチャンスのはじまり。

この世は不思議なことだらけ。
ありえないことが毎瞬起こっている。
すべての瞬間が新しくて新しくて、
面白くて面白くて
どうしようもないんですよ、
生きるってことは。

歓びを基準に生きればいい。

正しさの基準、賢さの基準、幸せの基準……あるようでない。

人にもよるし、そのときの状況にもよる。


でもたったひとつ、これだけは基準にしてもいいなあと思うことがありました。

それは、歓び。歓びが湧き上がってくるかどうか。

楽しいとか、うれしいとかいうのともちょっと違う。

そこにどんな理由も根拠もないけれど、それをしていると、ただただ歓びそのものになってしまう。

そういうものを基準に生きてもいいなあと思ったのです。

そしたら不思議なことに、人生が勝手にうまくいき出した。

どうにかしようと思わないのに、どうにかなってしまう。

頼みもしないのに、ラッキーが次々やってくるようになった。

だから私は歓びを基準に生きることにしたんです。

PART

3

安全装置を外せ

大好きだからやり続ける。

私はどうしてもこれがしたいっていうことを、どこまでもやる。

途中で何が起こっても、大好きだからやり続ける。

人に何を言われようが、人は人だと気にしない。

馬鹿だと言われても結構。

本人は楽しくて仕方がないのだから。


そういう人の周りは歓びの波動で溢れている。

歓びの波動に溢れているとき、怖れによる硬直が起こらないので、宇宙からの恩寵を受け取る間口はどんどん広がる。

そうなるとますます個を超えた宇宙の創造そのものになっていく。

当然その人のやっていることのパフォーマンスはどんどん上がる。


そういう人はどうなるか？

目立つ！

なぜなら、その人に触れるだけで、触発されるから、
誰もが本当はそういう生き方がしたいって思っているから、
注目されるんです。
どうしたらそんな風に生きられるのかなと、話を聞きたいという人も集まってくる。

そうなると、ますます世の中が放っておかない。

世の中が放っておかないということは、その人がやっていることに対する対価を
払ってくれる人も当然集まってくるわけで、結果として、
「やりたいことをやって、生活ができる」
という状況になるのです。

人はみんな自由に生きたいんです。
やりたいことをやって、
歓びに溢れて生きたいんです。
だからそういう人を見ると、
とても惹かれてしまい、
その人と接点を持ちたいって
思うんです。

魔法の極意は
「魔法を使っている」意識が
なくなること。

あなたは催眠術にかかっているんです。

催眠術にかかると、熱くもない鉄の棒を、焼けた鉄の棒だと感じ、腕に当てられると真っ赤に腫れてしまう、みたいなことをテレビで見たことがありませんか？

あなたの日常も、それと同じです。

あなたはこの世界が壮大な幻であることに気づき始めました。

しかも、その幻は、あなたの想念が作っているということも、知的な理解ではなく、体感するようになってきた。

つまり、自分で自分に催眠術をかけて、その通りの世界を体験しているということ。

天国だろうが、地獄だろうが、どっちみち幻に過ぎないんだとわかり始めた。

ところが不思議ですね。

「三次元で何を体験しようとも、結局はすべてであるし、同時に何もないし、『私』も『あなた』もいないのだ」ということが腑に落ち始めると、

今度はその真実を反映した世界が展開し始める。

これまでは催眠術にかけられる被験者側の意識しかなかったのが、

催眠術をかける催眠術師の意識も同時に感じ始めるようになる。

自分が自分にどういう催眠術をかけて、何を体験しようとしているのかが、「わかる！」。

何の催眠術かわかっていたら、つまらなくなるかと思いきや、そうじゃないんですよね。

むしろその体験のエッジが立ってきて、とことん味わい、堪能できる。

別の言い方をすると、宇宙の意志とあなたの意志とがひとつになったとも言えるでしょう。

宇宙があなたを通じて表現しようとすることに逆らわなくなるので、万事が流れるように起こり始める。

これはもう催眠術と言うよりは、魔法に近い。

残念ながら、エゴにはうまく魔法は使えません。

エゴは「自分の思い通り」にしようとしますからね。

宇宙の意志と至るところで衝突する。

衝突するところには、消耗しかない。

そして、混乱や苛立ちのエネルギーが増幅してしまう。

「自分の思い通り」をやめて、「宇宙のなすがまま」になるとき、初めて魔法は機能し始める。

ここには「私が魔法を使っている」という意識はない。

ただ宇宙がそれを、私という三次元上の幻想を通じて表現しているのに過ぎないのだと、覚めて感じているだけ。

魔法の極意は、「私が魔法を使っている」という意識がなくなること。

宇宙とことことんひとつに溶け合ってしまうこと。

これがわからないうちに、無理に魔法を使おうとすることは怪我のもとですので、ご注意ください（笑）。

あなたがあなたであること以上に
特別なことなんてない。

あなたの人生のストーリーは、あなたにしか歩めない特別なストーリー。

毎瞬、この世の誰とも違う体験をしている。

誰かが花を摘んでいるとき、誰かは誰かの横っ面を思いっ切り引っぱたいていて、誰かは電車の中で居眠りしてて、横の誰かの肩にもたれかかっている。

ワールドカップでゴールを決めることと、家に帰ってきてお気に入りのコップでうがいをすることは、本当は同じ価値の特別な出来事だ。

宇宙から見れば差なんてない。

あなたがあなたであること以上に特別なことなんてない。

今日もあなたが主役の人生という芝居は絶賛上演中だ。

王様の人生という芝居も、乞食の人生という芝居もそれぞれに見ごたえがあって面白い。王様だから偉くて、乞食だから卑しいっていうのは、人間だけの大勘違いだ。

風は王さまにも乞食にも平等に吹き抜ける。風の方がよっぽど真実を知っている。

特別であろうとすることに勤しむ人は、それがやりたいんだから、やればいいと思う。

でも私は、頭が空っぽのまま、ただ風に吹かれるだけでいい。こっちの方が、とっても気楽で、カンタンで、あっという間に満ち足りるから……。

保証をかなぐり捨てるってことが、
飛び込むこと。
ええいもう、どうにでもしてくれ、
後ろから蹴飛ばすなりなんなり好き
にしてくれ、って思った瞬間、背中に
羽が生える。
気づいたら羽ばたいている。

みんな保証を求めたがる。

絶対大丈夫ですよね、何とかなりますよね、そうじゃないとやりません、と駄々をこねる。

残念ながら保証なんてないんです。

丸腰じゃないとダメです。

保証をかなぐり捨てるっていうことが飛び込むっていうことなんです。

どうなるかわかんないけど、そっちの方が面白そうだから、ええいもう、どうにでもしてくれ、後ろから蹴飛ばすなりなんなり好きにしてくれ、って思った瞬間、背中に羽が生える。

気づいたら羽ばたいている。

今までは地面に這いつくばって生きていたのが、突然大きく視界が開ける。

今までは牛車くらいのスピードだったのが、ジェット機くらいのスピードに上がる。

見たことも体験したこともない絶景が広がる。

ってわけです。

あなたにとって、

今がそのタイミングなんじゃないの?

それが欲しいなら、
がむしゃらに求めればいいじゃない。
カッコつけないで。

私はもっとお金が欲しい。
私はもっと売れたい。
私はもっと愛されたい。
私はもっと認められたい。
それでいいじゃない。
それなのに、うまくいきません。
辛いですって泣いて、叫んで、わめいたっていい。
それでいいじゃない。
本当はそう思っているんだから。
それが欲しいなら、がむしゃらに求めればいいじゃない。カッコつけないで。
まずはそこからです。

やってみなかったことに賭けてみる。
そこにミラクルの鍵があるんです。

あなたが今、病気だったとする。

体のどこかに痛みを感じているとする。

誰かに振られたとする。

採用試験に落ちたとする。

あるいは、これ以上ないほど最高に魂が響き合う人に巡り会えたとする。

理想の家が見つかったとする。

やりたいことで充分な収入が得られたとする。

タレントオーディションで、三万人の中からグランプリを受賞したとする。

ずっと前から好きだった人に、付き合って欲しいって言われたとする。

これらのすべてを受け容れてください。

辛いこと、痛いこと、苦しいことも、こんなに幸せになっていいのかなあっていうことも、同じように受け容れてみる。

「夢にまで見たことを受け容れることなんてカンタンでしょ」と言う人もいるかもしれませんが、中にはね、そうじゃない人もいるんです。

自分なんて、そんな幸せになっちゃいけない。

幸せになると人から妬まれて、ひどい目に遭う。

幸せの絶頂にあると、そこから突き落とされたときのショックが大きいから怖い。

そうやって、幸せになることを怖れる人もいるんです。

でも受け容れる。どんな幸せも。どんな痛みも。


昨日、露天風呂の岩に左足の薬指をしこたまぶつけて、今、紫色になって腫れているんです。ぶつけた瞬間は指を骨折したんじゃないかというほど痛かった。

でもその痛みも受け容れてみた。

だってそれを嫌がったところで、ぶつけちゃったもんはどうしようもないでしょ。

すると、なんだか体を労わろうという気がするだけで、特に気にならなくなった。

同じなんですよ。

もう起こったことは起こってしまった。

それに抗ってもいいけど、私の経験からすると、逆らうと、痛みはますますひどくなる。

幸せは逆に、すぐに消し飛んでしまう。

いいんですよ。どっちも受け容れてしまって。大丈夫。
最悪だと思えることほど、受け容れてみる。
最高だと思えることほど、遠慮しないで受け取る。勇気を持って。
抗ってそれが帳消しになるならやればいいけど、ならないでしょ。
だったら、受け容れる方に賭けてごらんよ。
この世には、まだいっぱい知られていないミラクルがあるんです。
なぜそうなるのか解明されていないミラクルが……。
私たちにはまだまだわからないことがたくさんある。
それは素晴らしいことです。
未知なる素晴らしい可能性が溢れているということですから。
だからそっちに賭ける。
やってみなかったことに賭けてみる。

真実は、空白の中からやってくる。

人はうまくいかないことがあると、「どうすればいいのだろう？」と思う。

悩むという、真実の世界から見ればありえないことが、せっかくこの世ではできるんだから、大いに悩んだらいいいとは思います。

それもいけないとは思いません。

でもね、「どうすれば？」という発想からは、残念ながら大したものは出てこないんです。

それはあなたも経験済みですよね。

世紀の大発明みたいなことも、考えて考えて、考え抜いて、そこから生まれたわけではありませんよね。

いっくら考えてもわからない。

それで疲れてうたた寝したら、夢の中に突然閃きがやってきて、「あっ、そうか！これだ！」って気づいて、それが世紀の大発明につながったみたいな話をあなたも聞いたことがあるでしょう。

真実は、空白の中からやってくる。

ぐっちゃぐちゃの思考からは生まれない。

だから、「一体どうしたらいいんだろう？」と考え込んでしまったときは、その中にぐいぐい入っていって、思考でがんじがらめにならないで、「あっ、今考え込んでいるんだな」ってことに気づくようにする。

ただ考え込んでいたなってことに気づくだけでいい。

別に悪いことをしたわけでもないし、そう思うのも当然なんだから、そのことをやっちゃいけないことだと思う必要もナシ。

肝心なことは、巻き込まれないで少し距離を取ること。

そして次に、「や〜〜〜めたっ！」と言ってみる。

「そうだよな。いくら考え込んでも、大したアイディアも浮かばないし、今までも、それで何か策を講じると、かえってロクなことにならなかったもんな。もうやめよう」って、力を抜いてみる。

で、次に何をするか？

その問題に関しては、何もしない。放っておく。忘れてしまう。

すると、自分が問題だと思っていたことは、知らぬ間に解決するか、忘れた頃に、突然、「あっそうだ！」って閃きが来たりする。

閃きが来たら、それをやってみればいい。

これが板についてくると、頭が空っぽであることがとても気持ちよくなってくるんです。

余計なことを考えて、余計なことをして、余計に事が面倒なことになる苦しみから自由になる。

いつも澄み渡っている。

何をしていても、何だかくつろいでいる。

やりたいことをやりたいようにやるだけ。

どうなろうと、大丈夫なんだとわかっている感じ。

私に対してよく「どうしたらいいのでしょうか？」って訊いて来られる方がいらっしゃいますが、私の基本方針はこれなので、その「どうすれば？」を一回放棄してみることをおススメしたいです。

自分のために、
自分の大好きなことのために、
どんどん頑張っていいんですよ。

頑張りにも二種類あると思います。

好きなことをとことん追求する頑張りと、好きでもないことを、無理して誰かのため、地位のため、名声のため、お金のためにする頑張り。

好きなことをとことん追求する頑張りなら、いくらしたって構わないんじゃないかって思います。

「大好きなことを極めたい」という情熱があるとき、その道の達人になるのだと思います。

自分のために、自分の大好きなことのために、どんどん頑張っていいんですよ。

誰が何と言おうと、納得いくまでとことん追求したらいいんですよ。

そこにいかなる遠慮もいらないと思う。

大好きなことに、力を出し惜しみせず、思う存分ぶつけることって、すごい快感だと思う。

四の五の言わず、好きならとことんやる！

「死んだ気になってやってみる」と
できるようになる。

小学校三年のときに、学校にプールができました。

今の小学校では、夏に水泳の授業があるのが当たり前かもしれませんが、私の生まれ故郷である青森では夏が短いので、その昔は、水泳なんて学校ではやりませんでした。

それが突然プールができたものだから、先生も教えなければならず、中には泳げない先生もいたりして……。

それで結局、授業中何をやるかと言えば、ビート板でバタ足の練習をした後は自由、みたいなことが結構多かった（笑）。

子どもたちの中にはすでに泳げる子もいて、楽しそうに泳いでいるのがうらやましかったです。

「よし、私もビート板を外して、手足を動かしてみよう！　そうすれば泳げるようになるかもしれない」

そう決心し、見よう見まねで手足をバタバタさせてみると、どんどん体が沈んで、溺れそうになります。

そんなとき、隣のクラスの水泳が上手な先生が言っていたことを思い出しました。

「人間の体っていうのはな、浮くようにできているんだ」

浮くようにできている……。

そうなのか。

じゃあ一回、死んだ気になって、手足を動かすのをやめてみよう。

すごく勇気がいったのですが、息が続く限り、死体のようになってみようと思いました。

体は最初沈みましたが、そのまま息を止めていると、
あれっ？　水に浮かんでいるではありませんか。

今度はその状態でバタ足をしてみました。

水の中で目を開けてみると、確かにやや進んでいる。

次はバタ足に、クロールの手を見よう見まねでつけてみた。

すると、さっきよりもだいぶ進むじゃありませんか！

そんな感じで、水泳は見よう見まねでできるようになったのです。

私たちは地上でもこれと同じことをやっているんですよね。

最初はどうしたらいいのかわからないので、めちゃくちゃに手足を動かしている。

それではもがき苦しむばかりで埒が明かないので、いろんな達人の教えを聞く。

で、ここからが分かれ道です。

「人間の体は浮くようにできている」

私はその言葉を信じて、それに従ってみた。

溺れるんじゃないかという怖れが生じてきても、そのままやってみた。

それによって、体が浮かぶという真実を体験した。

人によっては、せっかく教えてもらっても、恐怖に負けて、そのまま手足の力を抜いていられなくなって、

「うまくいきません」ってなる。

恐怖っていうのは、エゴからやってくる。

「死ぬんじゃないか」

「とんでもないことになるんじゃないか」

でもその瞬間に、怖れの向こう側に行こうとするか否か。

エゴのコントロールを手放せるか否か。

ここ！　ここなのよ！

でね、一回エゴのコントロールを脇に置いてみると、意外にあっさりできてしまうものなのです。

すると次は、何だかわからないけれど、どうすればいいのかが、自然にわかってくる。

直感に従うとか、魂の衝動に従うっていうのはこういうことを言う。

別な言い方をすれば、ハンドルを明け渡してしまえば、導きが自動的に起こるってこと。

そして気づいたらクロールで泳げるようになっていたのと同じように、ある域に達してしまう。

だから、もし人から何かを教わろうとするなら、とことん自分のやり方を脇に置いて、教えてくれた人がやれって言ったことをやってみればいい。

「死んだ気になってやってみる」

つまりね、ここで言っている「死ぬ」ってことは、究極的にはエゴに死んでもらうことであり、真の意味で生きるってことでもある。

私は泳ぎのコツを、「どうやったら泳げるの？」って訊いてきた友達にも教えました。

するとその子も、体が浮くことにびっくりして、やがて泳げるようになりました。
先生よりも教えるのが上手だったな（笑）。
本当は水泳も、「生」も、コツは同じところにあるんです。

たくさんトライしてみよう。
そして、どんどん宝箱を開けようよ。

「この程度」っていう枠は
ぶっ壊していい。
最高の状態を望んでいい。

魂がやりたがっていることなら、遠慮する必要はない。

「この程度」っていう枠はぶっ壊していい。

今想像できる最高の状態を望んでいい。

私は限界を決めませんと言っていい。


「思い通りの人生」なんてね、大した人生じゃないの。

私たちの小さな頭が考えている「思い通りの人生」なんて、結局思い通りになっても、幸せではないことに気づくだけの人生だったりする。

だからそんな願い事は、叶わない方がいいの。


すべてを見通している宇宙にお任せすれば、思い通りを超える思った以上の展開がある。そんな小さな頭では考え付かないようなすごいことがたくさん起こる。

もっともっと想像を絶するような素晴らしいことを宇宙は用意してくれているのに、何でわざわざ小さくまとまる必要があるのでしょう。

小さな頭の願いは、往々にして魂の願いと違うことがある。社会のスタンダードに無理やり自分を合わせるため、あるいはみんなと同じになるため、みんなから後れを取らないようにするためでしかない願い事をしている場合もある。

そんな願い事、叶わない方がいいんじゃない。
仮に叶ったところで、一時的な満足感しか得られない。

そのへんも、宇宙はちゃんとわかっている。
そして一番いいようにしてくれる。

「これしたい」と
ピカッときたことをやる。
そういうのをやり続ける。

あなたは今この瞬間のことだけ、
好きにやっていればいいんですよ。

朝通る道も、好きな道、好きな景色の見える方を歩く。

ご飯を食べるときも、頭で考えずに、今食べたいって感じるものを食べる。

お休みの日は、起きなければいけない時間ではなく、起きたくなってきたときに起きてみる。


ちょっとずつ、ちょっとずつ、小さなことから、

「ねばならない方」ではなく、「好きな方」を選んでいく。

焦らなくていい。目の前のことからぼちぼちやってるだけで大丈夫。
あなたは今この瞬間のことだけ、
好きにやっていればいいんですよ。

いいことあるって思えば、
いいことが起こるんなら、
いいことあるさって思おう。

あなたは虹を見たとき、どんな気持ちになりますか？

うわぁ〜、すご〜〜い、虹が見られて、ラッキー♪

そんな感じかな？

私ももちろん、虹に見とれて幸せいっぱいな気分になりますが、
これは絶対いいことあるなって思うんです。何の根拠もないけどね。

このところ立て続けに虹づいているから、ますますいいことあるなって思っています。

本当は虹が出たからといって、いいことが起こるとは限らないと思いますよ。

でもいいんですよ。どんなことでも何か素敵なことが起こるに違いないって思えるなら思っていい。

思えばそうなるから。

たとえば、朝、ちょっと寝坊して、家から出るときに、躓《つまず》いて転んだとしますよね。

そうするとツイてないなあとか、明日はもっと早く起きなきゃとか思う人は結構いそうな気もします。

でもそういうとき、こんなに痛い目に遭ったってことは、その分きっといいことあ

るぞって思ってもいいと思うんですよ。

どう思っても自由ですからね。

最近の宇宙の流れは、ますます思ったことを実現させる傾向にある。

だったら、どんなことが起こっても、きっといいことがある。

その分幸せになるって思ってもいいじゃないですか。

お先真っ暗だ。

何でこんなにひどい目に遭うんだろう。

どうにかしないと最悪の事態になる、と思えばそうなる。

大きな目で見れば、それも体験したくて体験しているだけなので、それも別に否定はしませんけどね。


で、なぁ〜〜んだ。

何を思っても自由なんじゃん！

「いいことあるって思えばいいことが起こるんなら、いいことあるさって思おう」っていう、おめでたい路線で行ってみたい人は、それもそれで可能ってだけのことです。

私は前半生で、辛いのはいっぱい体験したので、それはもういいかなって思っています。

後の人生は、誰が何と言おうと、好きに生きる！

何が起こっても、全部基本的に「いいこと」と思って味わうのみ。

とにかく魂のままに生きて、「あ〜〜〜人間面白かったな」って思って死ぬだけ。

今日もその路線で気楽に生きております（笑）。

あなたもメーター振り切るほど好きに生きて！

遠慮する必要はない。
周りを気にせず、
メーターを振り切っていい。
どこまでもどこまでも
行こうと決めていい。

私が輝くことは、他の人も輝く道なんだと信頼していい。構ってあげないとダメだと思うと、依存関係を作り出し、その人の力を奪うことになる。

本当はその人も立派な神の分身。

きっと自力で光るに違いない。そう信じて自分の道を邁進していくと、不思議なことに、その人たちも自分の足で歩き出す。

「信頼して」放っておいた方が、人は力を発揮する。

それでいいのよね。

それぞれで。

みんな自分の輝く道を知っている。

その道を好きなように歩ませればいいのよ。

私が何とかしてあげないとダメなんじゃない。みんなそれだけの力を持って生まれてきている。
だからね、あなたもメーター振り切るほど、好きに生きていいんですよ。

人の心配をしている暇があったら、
自分の好きなことをした方がいい（笑）。
人の邪魔はしなくていい。
余計なちょっかいは出さずに、自分の道をまっしぐらに進む。

PART 4

愛されることに、条件はいらない

あなたが自分のでこぼこも、
ほころびも、
これも魅力だと受け容れたら、
人のでこぼこも、ほころびも
気にならなくなる。
その人が持っている本当の魅力が
わかってくるんです。

あなたがあなたであることが最大の魅力であり、才能です。

あなたが自分のでこぼこも、ほころびも、これも魅力だと受け容れたら、人のでこぼこも、ほころびも気にならなくなる。

その人が持っている本当の魅力がわかってくるんです。

すると宇宙がちゃんと用意していたパートナーが誰なのか、ピンと来るようになる。

それはこれまで自分が抱いていた理想のタイプとはかけ離れているかもしれないけれど、その人と一緒にいるとき、とっても楽しくて思わず笑顔になってしまう。あぁ、この人だったんだな、ありがとう宇宙って言いたくなる。


「これが私なんだ」って受け容れている人は、だいたい輝いていますからね。

自分がこの人好きだなあって感じていると、相手も好意的になりやすいです。パートナーなんて、一人いればいいだけの話じゃない。三百人も、四百人も要るわけじゃなし、難しく考えなくていい。

大変なことだと思わなくていいんですよ。

「こうしなければ愛されない」っていう条件は、この際チャラにしてください。

「このままで愛される」に、フィルムチェンジです。

体験する必要のあることを
体験するまでのこと。
だから必要以上に
囚われなくていい。

好きな人に振られることは、そんなに悪いことじゃない。

そりゃあ振られた当初は、悲しかったりさみしかったりするのも当然です。

それはそれでいい。

気が済むまで泣いていいし、無理に忘れようとしなくてもいい。

でも本質的には、その人はあなたにふさわしくないってだけのことです。

いろんな意味でね。

その相手とでは、魂のトレーニングにならないとか、
あなたの本当の魅力が引き出されないとか、
互いの創造性が触発されないとか、……いろいろ。

その人とお付き合いすることでは、あなたに必要な経験が得られないってこと。

だからそうなっただけ。

要するに人違いってこと。

それなのに、振られると、それは自分に魅力がなかったからだと勝手に決めつける人があまりに多い。ただの人違いが、私なんてダメだわという「勘違い」にすり替わる。

そしてそう思い込んでしまうと、せっかくそのままのあなたで充分魅力的なのに、その魅力が翳《かげ》ることになってしまう。

あなたに用意されている、本当のパートナーまでが縁遠くなってしまう。

もったいないですよね。

恋しているときは、ある種の幻惑作用が生じているので、相手のありのままの姿が見えていないことが多いんですよ。自分が抱いているその人のイメージに恋をしているだけだったりする。

だからめっちゃ理想の人に思えるわけ。

これはもう偶像崇拝に近い。

何も見えていないってわけ。

だから振られるとダメージが必要以上に大きくなる。

互いにその状態で結びついてしまうこともありますが、そうなると付き合えば付き合うほど葛藤が生じるか、冷めていく。

もちろんその経験は、必要な経験をしているだけですけど……。

はっきり言うと、パートナーなんて、本質的にはいてもいなくてもどっちでもいいの。

いなきゃ不幸になるってもんでもないの。

何にせよ、体験する必要のあることを体験するまでのこと。

だから必要以上に囚われなくていい。

大事なことは、誰が何と言おうと、誰に振られようと、あなたが魅力的であり、素晴らしいってことに、何の変わりもないということ。

それを認めちゃっていいの。

だって、本当のことですからね。

それ以外のことは気にしなくていい。

だから振られたくらいで、自分には魅力がないとか、もう幸せになれないとか、勝手に決め付けないように（笑）。

「ひとつ」の認識になると、
愛するってことに関しては、
とてつもなく深くなる。
相手の幸せを
自分の幸せのように感じる。
愛しているだけで幸せだと感じる。

恋していると、嫉妬ってするでしょ。

自分以外の誰かを好きみたいだと感じただけで、不安になったり、落ち着かなくなったりする。

その人にこっちを向いてもらうことで、愛されたいという心の穴を埋めようとしているだけなのに、その執着心を「恋している」と勘違いしていることも結構ある。


それをやっていると、ハラハラしたり、ドキドキしたりはするかもしれないけど、どこまで行っても満たされない。

トレーニングパートナーばっかで、本物のパートナーに巡り会えない。


「すべてはひとつ」の認識になると、相手の愛情で自分の心の穴を埋めようとは思わなくなってくる。

逆に愛することに関しては、比べ物にならないほど深くなる。

相手の幸せを自分の幸せのように感じる。

愛しているだけで幸せだと感じる。宇宙に委ねると、そっちに向かって導かれ始めるんです。

執着心でしかないものから脱する方向に導かれる。

愛することの深い深い至福に向かって導かれる。

本当の幸せには理由がない。
ただ幸せ。

素晴らしい馬鹿は、突き進むんです。

頭で人は愛せない。論理や正しさにこだわると、ますます愛から遠ざかる。それよりも、生の体験をとことんやることで、魂は成熟していく。やり切ることで、自分がいかに未熟で、いかに欲しがり屋で、それゆえにいかに苦しんできたか、あるとき突然腑に落ちる。

これは頭の理解を超えたところで突然起きる。それは決して、愚かだったということじゃないんですよ。

反省しなきゃいけないってことでもないんですよ。

それ自体が人間としての欠くべからざる尊い体験だったんです。それを体験しにきたんだからいいいの。

何だよ！　すべてが愛だったんじゃん。

ああ、何ということだろうか！

何もかもから愛を放射されているのをまざまざと感じる。

そのとき、真っ芯から至福が溢れかえる。

ここに至ると、もう誰が魂のパートナーだとか、ツインソウルだとか、ツインレイだとかどうでもいいのよ。
誰と出会うかの問題じゃない。
相手の問題じゃない。
己の成熟度の問題でしかないと気づく。

もっと別な言い方をすると、今まで傷つけ合ってきた人も、思い通りに愛してくれなかった人も、ある意味全員魂のパートナーでもあったことに気づく。みんなあなたの成熟に貢献するために、現れるべくして現れてくれた人たちだった。
ありがたく出会い、ありがたくコミュニケーションするまでのことです。

素晴らしい馬鹿は、突き進むんです。
そこに正しさを求めない。
間違いを恐れない。
体験を尊ぶ。
そしてそこから逞しく成長していく。

PART

5

もう お金に困らない

価値のないものに
お金を使うことは、
お金に失礼。

お金を大事にするってどういうことなのでしょうか。

それには二つの視点があるんですね。


ひとつは価値のないもの、無駄なものには使わないってこと。


これはただの節約とは違います。

安かろう悪かろうなものにはお金を使わないこと。

安いものに飛びつきたくなることもあると思いますが、質の悪いものや粗悪なものはたとえ安くても買わないこと。

価値のないものにお金を使うってことは、お金に失礼なんです。

その場で使い捨てにするようなものだったら安物でもいいのですが、長く使うものは、使っていて毎回嫌な気分になるような使い勝手の悪いものや使い心地が悪いものは、いくら安くても買わない。


それから、ストレスを発散するために、衝動買いしたり、大酒を飲んだりしないってことです。

欲望のままにお金を使うってことは、お金をドブに捨てるようなことですから、こちらもお金に失礼なんです。


もしもストレスが溜まっているなら、そのストレスとまず向き合うこと。だいたいストレスのほとんどは自己否定から来ている。だから、どういう自己認識になっているか、よく自分に訊いてみることです。衝動買いをするよりも、静かに自分と向き合う時間と環境を作ることにお金を使った方がずっといいです。


もうひとつは、本当に価値のあるものにお金を使うこと。

ちょっと高くても、それを使うことで、毎回心地よく、快適に感じるなら、迷わずそっちを買う。

値段で選ぶのではなく、快適さ、心地よさ、質の高さを基準にする。

そしてそれを大事にして長く使う。

するとモノもそれに応えて、いつまでもあなたに快適さや心地よさを提供してくれます。

もしもどうしても経済的に手に入れるのが難しかったとしたら、自分が出せる範囲内で、できる限り快適で心地よいものを買ったらいいんです。

これってつまり、お金を大事にしているようで、あなた自身を大事にしていることなんです。快適に暮らせるように心遣いしているってことですから。

自分を大事にしているということは、
自分の価値を認めているということです。
そして、自分は大事にされる価値があるんだという認識のあるところに、価値にふさわしい豊かさが流れ込んでくることになるんです。

つまり、自分を安物扱いしないこと。それが豊かさが流れ込むための基本なんです。

あなたは存在しているだけで宇宙に貢献している、素晴らしい命です。
あなたを大事にしてあげてください。

目的もなく貯め込もうとするよりも、
歓びに向かって使う方が、
豊かさは回る。

何かを買い替える必要があるときは、お金がかかるかもしれません。

こういう出費は、豊かさが回り始める引き金になるので、思い切って使った方がいいんです。

無理に高いものを買おうとしなくてもいいのですが、かといってケチケチすると、せっかくの豊かさの歯車が回りにくくなるからです。

これは私の経験知ですが、お金は入ってきたら、魂が心底歓ぶものにどんどん使った方がいいんです。目的もなく貯め込もうとするよりも、歓びに向かって使う方が、豊かさは回ります。

無駄な贅沢はしなくていいが、魂の歓びに対しては、遠慮しないこと。

すると豊かさはますます大きく回り出す。あなたにもそんな兆しが訪れているなら、喜んでどんどんバージョンアップしちゃいましょう。

「うまくいく方法」は、
空《カラ》になること。
求めるのを全部やめること。
未来に期待するのをやめること。

みんな知りたがることがある。
「うまくいく方法」
そんなもん、本当はないんだけど、あると言えばある。
それは空《カラ》になること。
求めるのを全部やめること。
未来に期待するのをやめること。
方法さえわかればうまくいくんだ、という発想を脇に置くこと。
宇宙よ、どうにでもしてくれって開け放つこと。
一番認めたくないことを、さっさと認めてしまうこと。
今やっていることを無心にやること。
キューッと苦しい感じがしてきたら、そのままキューッとしておくこと。
湧き上がる感情は、湧き上がらせること。
眠くなったら寝て、食べたくなったら食べて、話したくなったら話す。
「これしたい」とピカッときたことはさっさとやること。

何か特別なことをしなきゃいけないわけじゃなくて、ただ自然のままであるだけでいいってこと。

うまくいかせたいだなんて思わなくても、ほんとはね、みんなず〜っとうまくいっているの。

あまりにうまくいっていて、あきれるほど。

ただ単にそういうことに気づいていないだけ。

だからね、私は心配していない。誰のことも。

信頼している。誰のことも。

実は欲しいものを受け取ることは、
そんなに難しいことではないんです。
極論すると、
自分のどこもおかしくないし、
何も不足していないってことを
受け容れるだけでいいからです。

「夢」ってなくてもいいなあ。

私も昔は「夢を実現させる」っていう言葉を美しく感じていました。

そして誰もが夢を実現させられるだけの力があると思っていました。

今もね、そのくらいの力は誰にでもあると思っていますよ。

でも「夢」ってなくてもいいなあと感じています。

夢がないなんてどうなのよって思うかもしれませんが、夢って、ときとして現状否定だったりするからです。

夢に囚われると、「今のこの状態ではいけない。この状態は本当の私ではない。だから早く本当の私にならなくちゃ」になってしまう。

もしも夢が、現状を否定するものなら、あるいは現実逃避の道具なら、そんなものはなくてもいい。

夢なんてなくても、そもそも己が創造の源なんだから、今を生きていれば、魂の底からいくらでも歓びが溢れてくる。溢れるままに生きていれば、後は宇宙が勝手にやってくれる。

逆に「夢」なんていう小さい枠を自分にはめる方が不自由だ。

夢がないから人生がうまくいかないんじゃなくて、夢に囚われるから＝今の自分を否定するから、生きてることが辛くなってくる。

今生きているということは、当たり前のことだと思っているかもしれませんが、これを奇跡と言わず何を奇跡と言うのかと言うほどの、とんでもない奇跡なんです。

夢はなくても花開く。
いかなる作為もいらない。

「私はお金に困らない。
絶対大丈夫」って
信じてたらいいんです。

豊かさから見離されない人にはひとつ、ある特徴があります。

それは、

「私は絶対にお金に困らない」と確信していること。

何の根拠もないくせに、自分はお金に困るってことはありえないって思ってる。

何とかなるに決まってるって思ってる。

ちょっと試してみてください。


何かちょっと困ったことがあったとき、こう叫んでみてください。

「絶対何とかなる！」

心の中で叫んでもいいのですが、実際に口に出して言うと、さらに波動が強くなります。

波動が現実を創造していますから、やがてそれはカタチになるのです。

何とかなっちゃうんです！

私はそういうことを何度も体験しましたよ。

休日でショッピングモールの駐車場が満車のときにも、「何とかなる！」って言ったら、本当に目の前の車が動き出し、あっという間に駐車スペースが空くなんていうことは、しょっちゅう起こります。

インドにいたときも、最後の頃、ほとんどインドルピーがなくなっていたのですが、帰りのタクシー代を払うのに、インドルピー以外はダメだって言われました。そのときも「何とかなる！」って言っていたら、ドルでの支払いでもＯＫになりました。

そういう体験、た〜〜〜くさんある。
あなただって忘れているかもしれないけど、そういう体験しているはずですよ。

だから、
「私はお金に困らない。絶対大丈夫」って信じてたらいいんです。

何でしたら、「私にはお金が向こうからジャンジャンやってくる」って信じてもいい。
信じることに根拠なんてなくていい。
むしろ根拠なんてない方がいい。
そのくらい真っ直ぐに信じた方がいい。

その上で、やりたいことをやりたいようにやっていれば、お金に困るようなことになんてならないような気がしますけどね。
少なくとも私はそうですよ。

お金は、巡り、膨らむ循環エネルギー。

お金は固定エネルギーじゃないってこと。
循環エネルギーなんです。

つまり回せば、巡り、膨らむエネルギーだってこと。

マグロって、止まっちゃうと死んじゃうらしいですね。
ずっと泳ぎ続けることで、生命エネルギーが活性化する。

それと同じなんですよ。
何もしない、じっとしている、握り締める、
っていうエネルギー状態だと、死んじゃうエネルギーってこと。だから、動かした方がいいんです。こう言うと、じゃあお金は使えば使うほどいいってことだと思われる方もいらっしゃるかもしれませんが、そういうことではないんです。

あなたっていうエネルギー体が、動いた方が、お金は流れると思っていただいても

いいでしょう。

お金がないから、どこにも行けないし、家でじっとしてるしかないなあって状態になるとますます入って来なくなるってこと。

その時点でお金がそんなになくても、興味のあること、やってみたいことがあるなら、それに向かって動いた方が巡って来るっていうことでもあります。

あなたがエネルギー的に動くと、豊かさのエネルギーのエンジンがかかるということなんです。

そんなにすごいことをしなくてもいいんですよ。

ちょっと近所の公園まで散歩するんでもいいの。

天気がよかったら、ベランダに出て、太陽に向かって「ありがとう〜〜〜」って両腕を広げるんでもいいの。

もし家にいたとしても、ブログをアップしたり、ピアノを弾いたり、絵を描いたり、何かを表現して、エネルギーを外に向かって放出すればいい。

小さいことからでいい。

できるところからでいい。

そうすれば、止まっているエンジンがかかり始める。まずはそこからですね。

達人レベルになると、お金があろうがなかろうが、やりたいことはどんどんやっちゃう。

その動かすエネルギーレベルが大きくなってくる。

そしてそのことを後悔したりしない。

達人は知っているんです。

やりたいことをやることによって、「経験」や「体験」というものすごい豊かさを受け取っているってことを。

だから何もなくしていない。経験という財産がますます貯まったとしか思っていない。

そしてその豊かさを、ただ受け取っておしまいにはしない。

今度はそれをたくさんの人に伝えることによって、またまたエネルギーを回し始める。

たくさんの人に、
「歓びを持って（↑ココ重要）伝える」と、
エネルギーはさらに増幅する。

増幅したエネルギーは、
出会い、
仲間、
チャンス、
歓び、
充実感……etc.
様々なものにカタチを変えて巡って来る。

そして受け取った豊かさを、また惜しみなく分かち合い続ける。
エネルギーをどこまでも拡散し続ける。

するとどうなるか？


やがてそれは、福沢諭吉が描かれた紙にもなって巡って来るんです。

でもそれをいつのタイミングで、どのくらい受け取るかなんて決めなくていい。

だってそうでしょ。

制限することになりますからね、そんなこと決めたら。

宇宙は無限に与えたいんですよ。

それなのに、何で枠を決める必要なんてあるのでしょうか？

そんなことに関わっているヒマがあったら、好きなこととしてた方が楽しいと思いませんか？

だいたい宇宙が全部最高最善にやってくれているんだから、任せておけばいいだけじゃないですか。


本当はね、達人の域には誰でもすぐに達することができるんです。

「よし！　わかった！
いろいろやってもうまくいかなかったんだ。
だからこの際好きにやるぞ！」
「帰る橋も焼いたんだしさ。
とことんやりまくるぞ！」
って心底決意して、行動に移せばいいだけのことです。

私の身近にもそれを地で行っている人がいますが、その人は、驚くべきところから豊かさが巡って来ましたよ。ホントの話です。話を聞いてビックリしました。

お金のことで悶々として腕組みしてうなだれていると、エネルギーが止まっちゃうので、豊かさからますます縁遠くなるってことを肝に銘じましょう。

それより、エネルギーを動かすことをすればいい。

それもやっていて楽しいことをする。


エンジンが錆び付いている場合、動かすと最初は抵抗があって当然です。

普通のエンジンだって、錆が付いていたら、ギギギッてなりますよね。同じことなんです。

それをギギギッてなるから、これはやりたいことじゃないんだとか、無理してることなんだとか勝手に頭で決めつけて、焼いたはずの橋を戻ろうとしないこと（笑）。


ギギギッてなっても、回すことで、錆も取れちゃうんです。

そしてエンジンが回り始めると、「やっぱりこっちの方が面白いや」ってなります。

「悶々としてても、何もいいことなかったな」って改めて実感します。

動いてみると、世界がどんどん開けていく。


この経験はお金に代えられないって気づく。

そして楽しいから次々やりたいことが浮かんできて、ついついやっちゃう。
するとエンジンはますます快調に回り始め、豊かさも大容量モードになるのです。

カンタンでしょ。

何でもいいから、エネルギーを動かすことをはじめてみてください。
最初はちょっと勇気がいるけど、やってみれば、やっぱり楽しくなっちゃって、どんどんできるようになりますよ。

人にメダルを期待している
場合じゃないよ。
自分に挑もう！

お金は使ったら、
そこから新しい歓びがはじまり、
積み重なっていく。

「お金は使ったらなくなるんだよ」って、あなたも親か誰かに言われませんでしたか？

だからどこかで、お金を使うことを悪いことのように思ったりしてしまう。

私はそうだったな。なんか、使わないで節約して貯める人が立派な人だと感じていた。

でもあるとき気づいたんです。

お金って使ってもなくならないんだなって。

お札や硬貨がお店や誰かに移動しても、その代わりに必ず何らかのモノか、体験か、感動を受け取っているはず。

だからお札はなくなるかもしれないけど、お金は何かに姿を変えて、蓄積されていくのです。

だからお金は使ったら終わりじゃない。

そこから新しい歓びがはじまり、積み重なっていくということ。

欲望自体は、
いいものでも悪いものでもない。
それがあって初めて人間として
スタートが切れる。

日本人にはどうも、我慢することが美徳であるという条件付けがあるようで、自分の欲望を無意識に抑圧してしまいがちです。

そしてずっと奥深くに、満たされないさみしさをしまい込んでしまう。

それ故に、いつまでたっても、受け取っていいものを受け取れない状況が続いてしまうのです。


欲望自体は、いいものでも悪いものでもない。

それがあって初めて人間としてスタートが切れる。

だからいいんです。何かを強く欲しいと思ってもいいんだなと、インドに行って初めて本当に許せるようになりました。


あなたは我慢していませんか？

自分より人を優先すべきだと思っていませんか？

ガツガツしてはいけないと思っていませんか？

武士は喰わねど高楊枝になっていませんか？

あなたの中にある、最も原始的で幼稚な感じのする欲望。
それを受け容れてみる。
それを追い求めることも許す。
やせ我慢はやめる。

本当に幸せになりたいなら、そこからはじめるべきなんです。
賢く、スマートに、カッコよく行こうとするから、満たされない。

その欲望を全面的に受け容れる。
欲しいものは欲しいんだ、でいい。
あなたは一体何が欲しいですか？

お金が欲しい？
愛情が欲しい？

名声が欲しい？
安心が欲しい？
ちょっと胸に手を当てて、正直になってみて。

怖れがあるときは、
自分が何を怖れているのか
はっきり見ること。
そうすれば、怖れには支配されない。

怖れには、面白い力があります。

あなたには、そうなったら困るっていうことはありますか？

たとえば、お金が一銭もなくなってしまったら困るとか、病気になって働けなくなったら困るとか、一人ぼっちになって、孤独死したら困るとか。

大抵、それはまだ起こっていない。それなのに、勝手に怖れ、勝手に不安になる。

怖れって、あたかもそれが起こることが決まっているかのような気持ちにさせる。

起こってもいないことを、起こっているかのように感じることができる。

怖れって大したもんですよね（笑）。

それだけじゃない。

まだ起こってもいないことを、本当に起こるんじゃないかと怖れてしまうと、実際にそうなってしまう。

そういう現実化の力も持っている。怖れってホントすごいなあと思ってしまいます。

でもやっぱりさ、そうなったら困るわけでしょ。

じゃあどうすればいいのかって話ですが、もしそうなったら何ができるか考えてみることですね。

お金が一銭もなくなったら、たぶん、何か仕事を探すか、実家に帰るか、誰かに養ってもらうか、お金を借りるか、ふて寝するか。まあいろいろ可能性はあるでしょうね。

でも、一銭もなくなったからといって、すぐに死ぬわけじゃないでしょ。

それに世の中には不況だなんだと言っても、いくらでも仕事があるでしょ。

私は今やってることをはじめる前、失業保険をもらいに毎月ハローワークに行ってましたが、そのときに閲覧した求人パソコンの中に、驚くべき求人数がありました。「なんだ！　仕事なんていっぱいあるじゃん」って思いました。仕事にありつくことぐらいどうってことないじゃないかって思いました。

一銭もお金がなくなったら、お金を稼ぐためにできることで一番可能性が高いのは、何か仕事をすることですよね。

そのときに、今までは生活のためにやりたくないことを我慢してやってきたけれど、もうそれはたくさんだから今度こそ本当にやりたいことにトライしようとするかもしれませんよね。そしてその思い切り具合がよかったので、いよいよその人の才能が開花して、人生が面白いことになるかもしれませんよね。

そうなると、一文無しになることが、その人の覚悟を決めさせる起爆剤になったわけで、最善のことが起こったってことになりますよね（笑）。

冗談じゃなく、本当にそういうことだったりするんですよ。

だいたい握り締めていたものを全部手放さなきゃならなくなるときは、人生最大の転機であり、一発逆転のはじまりだったりするんです。私は今やっていることでお金が入ってこないなら、小田原辺りにはいっぱいかまぼこ屋さんがあるので、そのカリスマ販売員になってやると思っていました。

私はかまぼこが大好きだから、各社のかまぼこを比較して、どこの何にどういう味と特徴があるか全部把握して、お客さんに一番ぴったりのかまぼこを販売する自信がすごくあった。

こっちの道がダメなら、かまぼこの道があるさって開き直っていました。

そしたら、こっちの道はとても面白く展開し、かまぼこの販売員にはなりませんでした。

つまり、どうしようどうしようと無駄に心配するよりも、実際にそうなったら何ができるのか考えてみたらいいんです。そうすると、何だそんなに怖がるほどのことでもないじゃんってことになる。

そうやって覚悟を決めておけば、別にそんなことは起こらないってことです。

なので、怖れがあるときは、自分が何を怖れているのかはっきり見ること。

そしてもしも実際にそれが起こったとしても、意外に何とかなるってことをちゃんと見極めること。そうすれば、怖れには支配されない。

はっきり見ないうちは、ますます怖れが膨らんでしまう。もしも、天災のようなうにもならないことが起こったときは、それはそれでその中で頑張るしかないでしょ。

地震保険でも火災保険でも入りたい人は入ったらいいと思うけど、本当はね、備えてしまうからそういうことが起こってしまうんです。

アフラックのCMで、大丈夫大丈夫、そんなことは起こらないよっていう鳥を「ブラックスワン」とか言って悪者扱いするけど、私はあれ、逆でしょっていつも思います。

危ないぞ危ないぞって言う奴の方が闇の声でしょって思います。

人間て、そんなに弱い生き物じゃない。

結構しぶとく、どういう環境の中にあっても生き抜く力を持っている。

あなたに何が起こったとしても本当
は無傷なのだから。
怖れずに味わい尽くせばいい。

貧乏までも楽しめるというのは、
究極の豊かさ。

私は笑っちゃうような、ちょっと変わった豊かさを受け取る極意を知っています。

それは貧乏を楽しむっていうことです。

今、「貧乏」っていう言葉を使いましたが、それはちょっと正しい表現じゃないですね。

貧乏だと思う人には貧乏だけど、そうじゃない人にとっては、また違うんです。

貧乏＝貧しく、乏しい。

なんちゅう熟語なんだ（笑）。

所詮、この世はフィルムですよ。そのフィルムのタイトルをわざわざ「貧乏」にしなくてもいいと思いませんか？　私たちは、人間ゲームを楽しんでいる神々です。だから、この状況は宇宙から与えられた「少ないお金で、どれだけ心豊かに暮らせるか！」っていうゲームなんです。

そのゲームを楽しむというスタンスに立ってみる。

幸せボンビーガールさんたちなんか、めちゃくちゃすごいですよね。

彼女たちは正に達人の域に達しています。

だからテレビにも出られるんです。

ゲームの達人だから。

達人の域に達してゲームを攻略している人には、ものすごく大きなチャンスという豊かさもやってくる。

彼女たちほどすごいことをしなくても、節約しながら、心は豊かに暮らすことくらいはできます。

なぜって、
貧乏までも楽しめるというのは、究極の豊かさだからです。
こういう人は、
どういう状況をも豊かさに変える錬金術師なんです。
だからある時期、経済的に余裕がなかったとしても、やがて豊かさは向こうからやってくる。

だって出してる波動が「豊かさ」そのものですから。
豊かさが現実化するわけですよ。

PART 6

どうにでもなれが、一番うまくいく

起こることを起こるように
起こさせる。

みんなに合わせなきゃって思う必要なんてない。

何とかしなくていい。

むしろ放っておく。

人生がうまくいかないのは、何かをやっていないからじゃなく、余計なことをし過ぎるからだって、最近とみに思います。

期待しない人生は面白い。

A↓B。

Aをやれば、Bが手に入るだろうというときの「↓」は、何を意味しているのか？

それは「期待」を意味しているわけです。

期待するとは、同時にあるものがセットでついてくる。

それが一体何かわかりますか？

たとえば、あなたがスーパーで買い物をしたとします。

会計を済ませて帰ろうとしたら、突然クラッカーが鳴り、

「おめでとうございます！　あなたは当店がオープンしてから記念すべき一万人目のお客様でした！　お客様には、一万人目を記念して、当店で使える一万円分の商品券を差し上げます」

と言われたとします。

「えええええ！、私一万人目だったんですか？　知りませんでした。

いやあ、そんな特典があったんですね」

そうなんです。この人は一万人目に一万円が当たるだなんていうキャンペーンなんて知らなかった。だから逆に誰かが一万人目になって一万円をもらっても、「すごいなあ」くらいにしか思わない。

でも、もしもそれを知っていて、毎日一万人目を目指して通い続けていたらどうでしょう。

自分以外の人が一万人目になったら、「失望」するでしょ。期待をするということは、失望がセットでついてくるということなんです。「期待」のないところには、失望はない。

「Bを手に入れるために、Aがうまくいかなかった」という落胆も反省も自己卑下もない。

そして、Aをして何かを受け取ったら、すべては「ラッキー」になってしまう。

すべてが「ラッキー」状態だと、いつもエネルギーが満タンなので、いろいろなことにどんどんチャレンジできる。しかもそこに何の期待もないので失望も落胆もなく、ますます人生は面白く展開していく。

反省しないでくださいね。
自分の人生を。

転んだり、躓いたりしても、必死で前を向いて生きて来た。
これ以上何を求める必要があるでしょう。
あなたのこれまで生きて来たすべては、少しも間違ってなどいないんです。

何かが、どこかが間違っていたのではないかと思わなくていいのです。

ただよくやってきただけのことですから。
ただ美しかっただけのことですから。

あらゆる後悔を、
よくやってきたという「誇り」に換えましょう。

自分に対してつけてきた、いかなる減点もゼロに戻しましょう。
むしろ大きく加点していい。
よくやってきたんだから。

気分はサイコーの人のフィルムには
「最高の人生」というタイトルが
ついている。

たとえモノが揃っていなくても、まだ夢が叶っていなくても、
気分はサイコーでいられる人のフィルムには
「最高の人生」というタイトルがついている。

人生というフィルムは、タイトル次第なんですよ。
タイトルが何であるかによって、結末が違うんです。

「最高の人生」っていうタイトルの映画は、途中で経済的に厳しいことがあっても、
その状況さえ楽しんで生きてしまうストーリーなので、豊かさはやがて三次元上に顕
現し始め、ミラクル満載でハッピーエンドになるストーリーです。

あなたは自分の人生にどんなタイトルをつけていますか？

感動大作にふさわしい、めっちゃスゴイのをつけちゃってください。

この世の誰もが正解で、
誰もが不正解。

小学校で足し算を習いました。5＋7は12が正解でした。
それ以外の数字を書いた人は、全部×。
でも本当にそうなのかな？
12だけが正しくて、それ以外は本当に全部間違いなのかな？
ここにもうひとつの計算方式があります。
ここでは、5＋7＝0。
これを私たちは毎日使っています。
もうおわかりですね。
時刻です。
5＋7＝0時。
もしも10進法ではなく、11進法であるなら、
5＋7＝11なんですよ。
7進法なら、
5＋7＝15です。
5＋7の答は、何を基準にするかによって無限にあるのです。

5＋7＝11だって答えた子供は、11進法では正解なんです。

日本の中でスタンダードと言われるものからすれば、大きく逸脱した落ちこぼれのように見える人も、実は全然おかしいことなんてないんです。

この世の誰もが正解とも言えるし、誰もが不正解とも言える。

本当は正解か不正解かなんて、どうでもいいことなんですよ。

だから、何が起こっても、
とことんこの世界を楽しめ！
この程度でいいだなんて遠慮するな！
どこまで受け取ったっていいんだ！
行けるところまで行ってみろ！
果てしなく輝け！

やるの。
やるからには一生懸命やるの。
そうすれば、
ちゃんと最高の人生に導かれる。

「何で私ばかりが」って怒りたくなることがあると思いますが、そういう人って、実はめちゃくちゃ宇宙に愛されているんですよ。

後にその人ならではの素晴らしいライフワークをするために、貴重な体験をさせてもらっているってことですから。その体験はぜ〜〜〜んぶ後で役に立つことになる。

もしも、そんな風に捉えられるなら、その瞬間に、そっちにフィルムチェンジできる。

ただし、腹が立っても、納得いかなくても、それでも一生懸命やるってことです。

目の前に来たものは精一杯やる。

それが宇宙が与えたものを受け取るっていうことなんです。

文句はいくら言ってもいい。

腹が立っているのに、平気なふりなんてしなくていい。

しょうがないんですよ、今は何がどう役に立つのか、小さい頭にはわからないんだから。

でも受け取るの。
やるの。
やるからには一生懸命やるの。
そうすれば、ちゃんと最高の人生に導かれる。

だから、宇宙が与えてくれるものを無碍に断らないように。
それは全部役に立つ。
それは全部力になる。

そう思っていると、そうなる。
自分はいつかすごいことをするようになるんだ。
そのために今必要なことを宇宙に与えてもらっているんだと思えれば、そうなります。

私は文句も言ったし、天も呪ったし、ひどいもんでしたけど、今はこうして私らしく自由に生きている。それがどう先につながるのかわからなかったし、そういう風にも思えなかった。

もしもあなたが、これは最高の人生のために起こっていることなんだと思えるなら、私なんかよりもずっとうまくいくってことなんじゃないんでしょうか。

世間の常識や人の目や、
そんなものから軸足を外しましょう。
そんなものは一度もあなたを
心底満たしはしなかったことを
思い出しましょう。
あなたの魂に軸足を戻しましょう。

PART

7

願わなくても実現する

あなたは最高傑作に
ふさわしい服を着て、
胸を張って堂々と生き、
やりたいことをやっていいんです。

自分が宇宙の最高傑作だとしたら、あなたは自分自身に何をしてあげますか？

辛気臭いものや、使いづらいもの、
欠乏の怖れから取っておいている使わないもの……。
全部いらない。

最高傑作にふさわしい服を着て、
胸を張って堂々と生き、
やりたいことをやっていいんです。

なぜと問うことをやめよ。
それは頭では理解できない。
問うことをやめれば、
扉は自ずと開く。

エゴなんてどうしてあるんだろう？　そう宇宙に訊いたら、
こんなメッセージが返ってきました。

問えば問うほど、答は遠のく。
知ろうとすることをやめて、知らないまま、放り出せ。
知ろうとしないとき、たったひとつの答が自ずとそこに顕われる。
それはいかなる質問に対する答でもなく、あらゆる問いの答でもある。
単純で、純粋な、ただひとつの真理。
真理を頭で知ろうとするな。
それは頭では理解できない。
問うことをやめれば、その扉は自ずと開く。

そうか。理由を知ろうとするから、真実が遠のくんだ。
エゴがどうしてあるのか、そこにもっともらしい理由が見つかったところで、人は
そこから自由になることなどできない。

理由というものは、結局、頭の気休めでしかないんですね。

一番叶えたいことさえも、
宇宙にお任せする。

「宇宙に委ねる」ということは、個の中に宇宙を浸透させ、個が消えていくことなんだろうなあと感じています。

それは怖ろしいどころか、とても痛快で、ダイナミックで、生きることをとことん堪能できる道でもある。

ハンドルから手を放すことは、最初勇気がいるけれど、思い切って放してしまえば、想像だにしなかった素晴らしい景色が見える場所に連れて行ってくれる。

一番叶えたいことさえも、
宇宙にお任せできたら、
本当はかなり面白いことになるんじゃないか、
と思う今日この頃です。

頑張りをやめたら、うまくいく。

あなたはどこもおかしくないし、
何も足りなくないし、
ただ必死で生きてきただけ。

あなたがあなたであるから、
素晴らしいだけのこと。

お金、パートナー、仕事、人間関係……etc.
あなたは何かが手に入れば幸せになり、自分は完成すると思ってきませんでしたか？
自分にはその「何か」が欠けているからダメなんだって思い込んできたかもしれませんよね。

でも、本当はどこもおかしくないし、何も欠けていなかったんだっていう真実に触

れると、

「あれっ？　何でそんなに欲しいって思ってたんだろう？」とちょっと違和感を感じ始める。

「私の本当の望みってそんなんじゃない」

そうなのよ。何を齷齪《あくせく》してきたんだろうって、拍子抜けしてしまう。

どうせ大丈夫に決まってるじゃん！　みたいな根拠のない自信のようなものが湧いて来る。


そして毎瞬を、宇宙に導かれるまま、生き始める。

すると、もう何かを何としても欲しいとは思わなくなったのに、宇宙がいろいろなものをどんどん与えてくれるようになる。

そりゃそうだ。

完全だってことに立脚して生きてるわけですから、完全性が外の世界に反映されるわけです。

本人は、すでに期待もしなくなってきているし、起こることをすべて最高だと思っているので、何が起こってもラッキーだとしか思わない。

ただただありがたく、面白く生きるのみ。

あんなにこうなりたいって頑張って来たのに、
それをやめたら、うまくいくってどういうことなのよ？

そういうことなのよ。

宇宙にお任せって。

そういうことなの。


何をそんなに深刻になる必要があろうか。

もう笑うしかない。
どんな瞬間も、どんな展開も面白くてたまらない。
泣いてても、笑ってても、怒ってても、
すべてがとても面白い。

世の中には、欲しいものを手に入れる情報が溢れています。でもさ、その方法ってやつをやめてしまうことが、ある意味一番早く満たされる道なんです。

あなたはどの瞬間も100点。
抵抗がなくなって、
無駄な力が抜けていくと、
自然にやりたいことが
できるようになります。
生きていること自体が
楽しくなってくる。

ミラクルを勇気を持って受け容れる。
遠慮してる場合じゃない。
本当の魔法は、あなたの勇気です。

シンデレラは、お姉さんたちがお城の舞踏会に行ったのを見て、自分にはお城に行くことは許されていないけれど、行く価値はあると思っていた。
意地悪な継母は許してくれないけれど、私だって行ってもいいのになって思ったから、そこに魔法使いが現れて、かぼちゃを馬車に変え、ネズミを馬に変え、ガラスの靴やドレスを用意してくれた。

あなたも同じなんです。

今、環境的に厳しかろうと、「自分にもミラクルが起こったっていいんだ」って思えれば、宇宙という魔法使いが魔法を使ってくれる。

シンデレラって、もしかしてそのことを象徴的に描いたおとぎ話なんじゃないかって思っています。

「私は、所詮灰まみれの下女（シンデレラとは灰かぶりの意）で終わるような人間なんだ」って思っていたら、魔法使いは現れないんです。

「私がドレスを着たってしょうがないんだ」って思っていたとしたら、ドレスを着て馬車に乗ってお城に行く展開にはならないんです。

「舞踏会に出たところで、魅力のない私に一緒に踊ろうって声をかけてくれる王子様なんていないんだ」って思ったら、壁の花で終わるんです。

でもそうはならなかった。

「私にだって価値があるんだ」って思っていたから、また召使いのような日常に戻っても、王子様が探しに来てくれるんです。

シンデレラっていう映画のキャッチフレーズを知っていますか？

「本当の魔法は、あなたの勇気です」

そう！
私だってミラクルをたくさん受け取っていいんだ。
私にはそれだけの価値があるってことを、勇気を持って受け容れる。
そしてチャンスが与えられたら、臆せずお城に行って、美しく舞うんです。

遠慮してる場合じゃない！

あなたがあなたであること以上に
特別なことなんてない。

あなたは充分魅力的、
そのままいっちゃえ、
どこまでも。

宇宙が教えてくれた流れるように人生がうまくいく本

【完本】100%の幸せ

2019年1月20日 初版第1刷発行

著　者　大木ゆきの

発行者　笹田大治
発行所　株式会社興陽館
〒113-0024
東京都文京区西片1-17-8 KSビル
TEL 03-5840-7820
FAX 03-5840-7954
URL http://www.koyokan.co.jp
振替 00100-2-82041

装　丁　小口翔平＋喜來詩織(tobufune)
カバーイラスト　坂口友佳子

校　正　新名哲明
編集補助　島袋多香子＋稲垣園子＋岩下和代
編集人　本田道生

印刷　KOYOKAN,INC.
DTP　有限会社天龍社
製本　ナショナル製本協同組合

ISBN978-4-87723-236-8 C0095

● 山川紘矢・山川亜希子の本

引き寄せの極意

あなたはうまく使いこなせていますか

山川紘矢・山川亜希子

定価（本体1400円+税）　四六版並製
ISBN978-4-87723-198-9
C0095

『ザ・シークレット』を翻訳、引き寄せブームをつくったベストセラー翻訳者が贈る「引き寄せの極意」。「人間関係」・「お金」・「心の平穏」・「運命の出会い」・「本当の幸せ」読むだけで、すべてはうまく動き出す！

● 山川紘矢・山川亜希子の本

受け入れの極意

あなたはうまく使いこなせていますか

山川紘矢・山川亜希子

定価（本体1400円+税）　四六版並製
ISBN978-4-87723-217-7
C0095

仕事、人間関係、お金、恋愛、人生は、「受け入れ」でそのすべてはうまくいく！

「引き寄せの法則」を超える「受け入れの法則」、その極意とは。

本当に幸せになるための「受け入れること」について様々な体験をしてきたベストセラー翻訳者、精神世界の第一人者が書下ろした一冊。

カバーイラスト：あーす・じぷしー

● 山川紘矢　阿部敏郎の本

99％の人が知らない 死の秘密

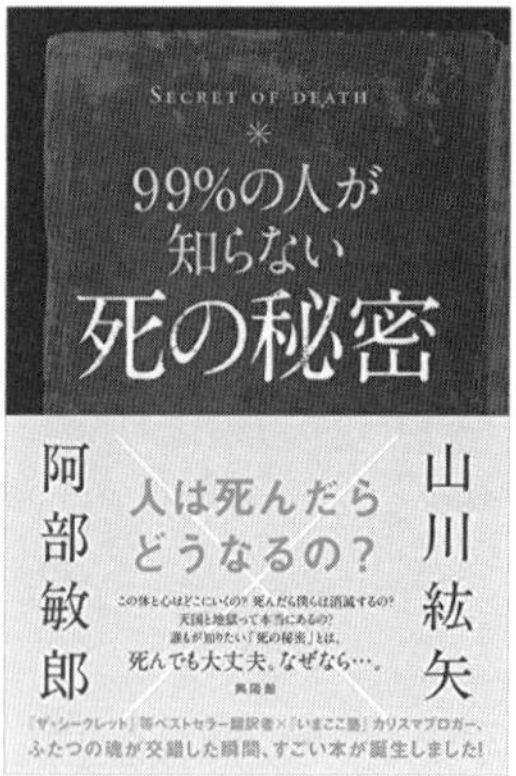

山川紘矢・阿部敏郎

定価（本体1500円＋税）　四六版並製
ISBN978-4-87723-189-7
C0095

人は死んだらどうなるの？ この体と心はどこにいくの？ 死んだら僕らは消滅するの？ 天国と地獄って本当にあるの？ 誰もが知りたい「死の秘密」とは。
死んでも大丈夫。なぜなら…。

第1章 「死ぬ」ってどういうこと？（「死」を定義すると…。魂ってそもそもなに？ ほか）
第2章 「死に方」を考える（自殺したくなるほどつらく苦しいことがあったときも「余命宣告」されたなら…。ほか）
第3章 死後の世界を想像してみる（臨死体験って、どんな感じ？ 天国と地獄って本当にあるの？ ほか）
第4章 死ぬのは怖くない（人は死なないと言われても、やっぱり死ぬのが怖い…。死ぬこと以前の問題として、病気になるのが怖い…。ほか）
第5章 いま、この瞬間の自分ってなに？（人生で一番大事なことはなんだろう？ 物足りない。生きている実感が欲しい！ ほか）

●阿部敏郎の本

わずか数分で心が整う12の瞑想

あなたは心と頭、使いすぎていませんか？

阿部敏郎
定価（本体1300円+税） 四六版並製
ISBN978-4-87723-204-7
C0095

いつでもどこでも、わずか1分から10分程度でできる「12の瞑想」をいのうえむつみさんのとってもかわいいイラストで紹介。毎日のなかで、ちょっと試してみるだけで、あなたの心の不安やストレスがみるみる消えていきます！

超人気NO1ブログ『いまここ（リーラ）』を主催、瞑想指導をのべ数万人に行い、驚くべき効果を出してきた著者が書き下ろしたはじめての瞑想本です。

● 植西聰の本

マーフィー 人生を変える奇跡の法則

定価（本体1111円＋税）四六版並製
ISBN978-4-87723-186-6
C0030

最強成功法則、マーフィーの法則の具体的な使い方がマンガ化＋図解化！

夢をかなえたい、成功したい、お金に愛されたい、今の自分の人生を変えてみたい……。

そんな願いを一日たった5分、これだけで叶えます！

シンプルで簡単な37の方法があなたの明日を変えます！

●山川紘矢　山川亜希子の本

神さまに愛される最高の生き方！

あなたを幸せにする50の極意

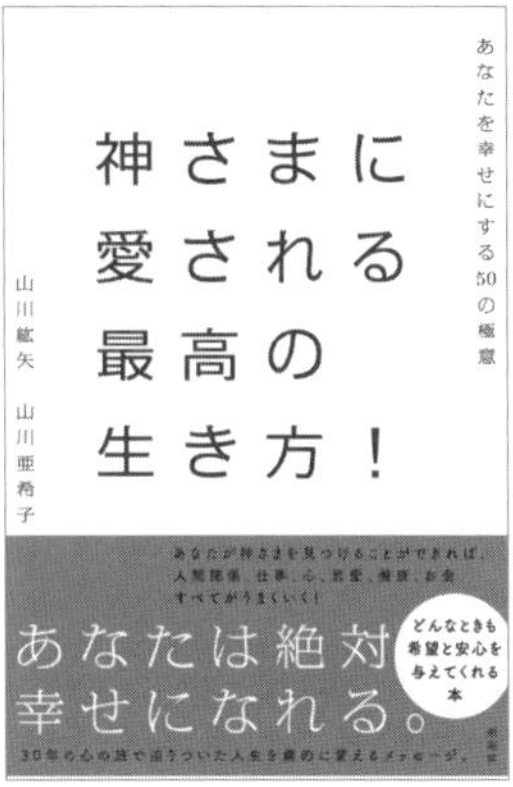

定価（本体1400円＋税）　四六版並製
ISBN978-4-87723-225-2
C0095

神様に愛される生き方とは。

人づき合い、健康、死、愛、家族関係、お金、仕事。

読むうちに悩みがなくなる本！

「引き寄せ」、「受け入れ」、「マインドフルネス」、「ホ・オポノポノ」。

様々なスピリチュアル体験をしてきたベストセラー翻訳者、精神世界の第一人者が書下ろした一冊。

［興陽館の本］

秒で見抜くスナップジャッジメント
メンタリストDaiGo

相手の「外見」「会話」「持ちもの」を視れば、
頭の中がすべてわかる！
人間関係、仕事、恋愛、ここから人生が変わる！

50歳からの時間の使いかた
弘兼憲史

定年後、人生が充実する人、しぼむ人のちょっとした差は――。
45歳が折返し地点！ 50歳からの「準備」で人生が決まる。
ヒロカネ流「後半人生の時間術」。

すぐ使いこなせる知的な大人の語彙1000
齋藤孝

言葉の伝道師・齋藤孝先生が「漢熟語」「季節の言葉」
「俳句」等からすぐ使える「語彙1000」を紹介します。
この一冊で、あなたの会話や文章に知性と教養が溢れ出す。

うつを気楽にいやす本
斎藤茂太

“心の名医”モタさんの、「うつぬけ」する処方箋。
うつでも読みやすく、イラストも満載！
「うつぬけ」にはこの一冊！

年をかさねても「若い人」の95のコツ
植西聰

ベストセラー作家、植西聰が書き下ろした、
年をかさねても若々しく元気で長生きするコツ！
本書には毎日を若々しく生きるための95のヒントが書かれています。

[興陽館のカルチャー本]

孤独がきみを強くする
岡本太郎

孤独はただの寂しさじゃない。
孤独こそ人間が強烈に生きるバネだ。
たったひとりのきみに贈る、岡本太郎の生き方。

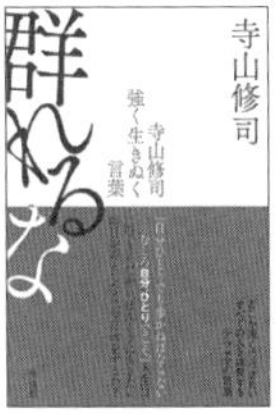

群れるな
寺山修司

「引き金を引け、ことばは武器だ！」
「ふりむくな、ふりむくな、後ろに夢はない。」これが生を見つめる
「言葉の錬金術師」寺山修司のベストメッセージ集！

ホームレス川柳
興陽館編集部[編]

ホームレス支援雑誌『ビッグ・イシュー』人気連載、
「ホームレス川柳」が一冊の本に。
路上から見上げた人生は、こんなに奥深い。

孤独をたのしむ本
田村セツコ

「かわいい」「おしゃれ」の元祖。80歳現役イラストレーターの
田村セツコさんの書き下ろし！ いつでもどんなときでも
「ひとりの時間」をたのしむコツを知っていたら、人生はこんなに面白い。

おしゃれなおばあさんになる本
田村セツコ

「はやくおばあさんになりたかった！」
78歳でますますかわいくおしゃれな田村セツコさんが書き下ろした
「おしゃれ」や「生き方の創意工夫」の知恵！ イラストも満載！

[曽野綾子の本]

身辺整理、わたしのやり方
曽野綾子

あなたは「身辺整理」はじめていますか。
モノ、お金、家、財産、どのように向きあうべきなのか。
曽野綾子が贈る「減らして暮らす」コツ。

六十歳からの人生
曽野綾子

人生の持ち時間は、誰にも決まっている。
六十、七十、八十、九十歳。移り変わる体調、
人づき合い、暮らし方への対処法。

死の準備教育
曽野綾子

少しずつ自分が消える日のための準備をする。
「若さ」「健康」「地位」「家族」「暮らし」いかに喪失に備えるか?
曽野綾子が贈る「誰にとっても必要な教え」。

流される美学
曽野綾子

人間には変えられない運命がある。
この運命の不条理に、流されて生きることも一つの美学。
60年間以上、人間を見つめてきた作家の究極の人間論。

老いの冒険
曽野綾子

誰にでも訪れる、老年の時間を、自分らしく過ごすための
心構えとは。人生でもっとも自由な時間である「老いの時間」を、
心豊かに生きるための「言葉の常備薬」。

[興陽館の海外翻訳]

生きる意味
アルフレッド・アドラー　長谷川早苗[訳]

アドラー本人の名著、
『Der Sinn des Lebens』の邦訳。

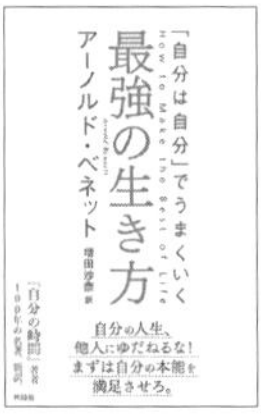

「自分は自分」でうまくいく 最強の生き方
アーノルド・ベネット　増田沙奈[訳]

20世紀最大の英国作家、
アーノルド・ベネットの「人生論」の新邦訳!
充実した後悔のない人生を送るには——。

自信
ラルフ・ウォルドー・エマソン　大間知知子[訳]

エマソンの「経験」と「自己信頼」新訳!
宮沢賢治、ソロー、トランプ、オバマが
座右の銘とした魂のメッセージ!

自分を信じる力
ラルフ・ウォルドー・エマソン　大間知知子[訳]

根拠のない自信が一番強い!
宮沢賢治、ホイットマン、ソローが師と仰いだ
エマソンの『自己信頼感』。新訳登場!

孤独は贅沢
ヘンリー・D・ソロー　増田沙奈[訳]

本当の豊かさは「孤独な時間」から——。
「森の哲人」ソローの言葉で紡ぐあなたに贈る生き方論!